北京民用联合航空有限公司指定教材·航空运输类
新时代新理念职业教育本科教材
高水平职业教育适用教材
岗课赛证融通系列教材
校企双元合作开发教材

形象塑造与化妆

北京民用联合航空有限公司组织编写

主　编　张雨晴　李玲玲　高鹏昕

副主编　张　颖　赵凌玉　冯志敏

北京交通大学出版社
·北京·

内 容 简 介

本书根据民航相关岗位所要求的形象标准编写，从形象塑造的认知入手，先对色彩美学、化妆品、化妆工具、脸部知识进行介绍，然后详细阐述了化妆的技巧与方法，最后对工作妆、发型、面部表情进行介绍，从而完成了对完整的形象塑造与化妆的介绍。本书分为五个项目，分别是形象塑造整体认知、色彩美学基础、妆容塑造基础知识、妆容塑造技能、民航工作人员的仪容塑造。本书图文并茂，实用性强，力图向读者介绍细致、严谨的化妆步骤。

本书适合作为职业院校民航类专业的教材，亦可供对形象塑造和化妆技巧感兴趣的读者参考。

图书在版编目（CIP）数据

形象塑造与化妆 / 张雨晴，李玲玲，高鹏昕主编. -- 北京 ：北京交通大学出版社，2025. 7. -- ISBN 978-7-5121-5631-9

Ⅰ. F560.9

中国国家版本馆 CIP 数据核字第 2025RF5431 号

形象塑造与化妆

XINGXIANG SUZAO YU HUAZHUANG

策划编辑：刘　辉　　责任编辑：刘　辉

出版发行：北京交通大学出版社　　电话：010-51686414　　http://www.bjtup.com.cn

地　　址：北京市海淀区高梁桥斜街 44 号　　邮编：100044

印 刷 者：北京富资园科技发展有限公司

经　　销：全国新华书店

开　　本：185 mm×260 mm　　印张：11　　字数：285 千字

版 印 次：2025 年 7 月第 1 版　　2025 年 7 月第 1 次印刷

定　　价：58.00 元

本书如有质量问题，请向北京交通大学出版社质监组反映。对您的意见和批评，我们表示欢迎和感谢。

投诉电话：010-51686043，51686008；传真：010-62225406；E-mail：press@bjtu.edu.cn。

前言

本书根据民航相关岗位所要求的形象标准编写，从形象塑造的认知入手，先对色彩美学、化妆品、化妆工具、脸部知识进行介绍，然后详细阐述了化妆的技巧与方法，最后对工作妆、发型、面部表情进行介绍，从而完成了对完整的形象塑造与化妆的介绍。本书分为五个项目，分别是形象塑造整体认知、色彩美学基础、妆容塑造基础知识、妆容塑造技能、民航工作人员的仪容塑造。本书图文并茂，实用性强，力图向读者介绍细致、严谨的化妆步骤。

本书体系完整，无繁杂的无效铺陈，以化妆的实际步骤为主要内容。通过本书的学习，读者可掌握常用的化妆技巧。

本书由张雨晴、李玲玲、高鹏昕担任主编，张颖、赵凌玉、冯志敏担任副主编。由于编者水平有限，不足之处在所难免，欢迎广大读者批评指正。反馈本书意见、建议，以及索取相关电子资源，可与出版社编辑刘辉联系（邮箱：hliu3@bjtu.edu.cn；QQ：39116920）。

编　者

2025 年 7 月

目录

项目一　形象塑造整体认知

项目导入

本项目在系统阐述形象塑造的基础知识、美学原理等理论知识的基础上，明确了礼仪与形象塑造的密切关系，帮助民航工作人员了解形象塑造知识与技能的具体内容，并制订了形象塑造课程的学习规划。

项目目标

- **能力目标：**

将形象塑造的原则运用到民航工作人员职业形象塑造中。

- **知识目标：**

1. 理解形象塑造的内涵；
2. 掌握内在美的相关知识。

项目知识模块关联图

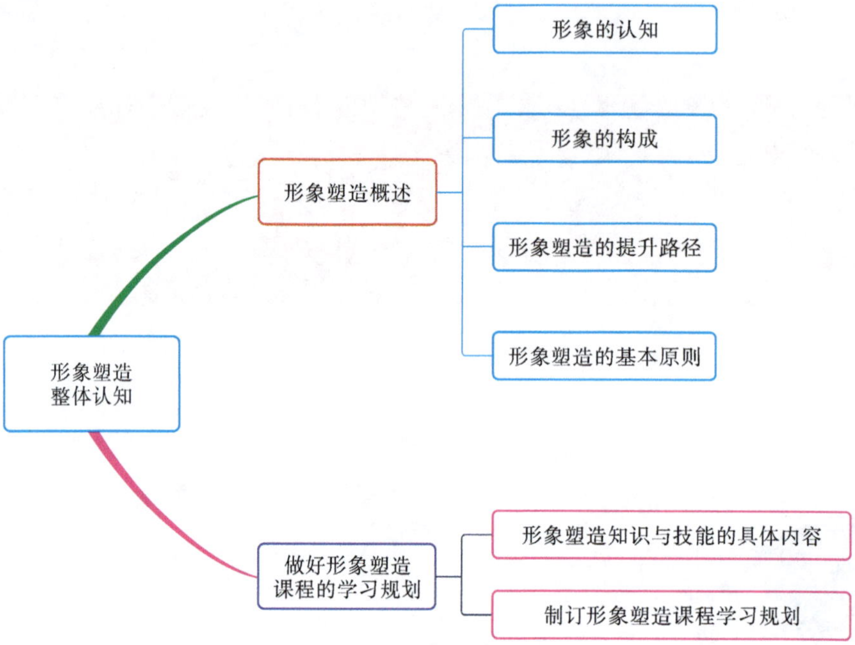
形象塑造
整体认知
形象塑造概述
形象的认知
形象的构成
形象塑造的提升路径
形象塑造的基本原则
做好形象塑造
课程的学习规划
形象塑造知识与技能的具体内容
制订形象塑造课程学习规划

任务一

形象塑造概述

知识点

1. 形象
2. 形象的构成
3. 外在形象塑造
4. 内在形象培养
5. 形象塑造的基本原则

技能点

1. 掌握形象的概念
2. 熟悉形象的构成与提升路径
3. 了解形象塑造的基本原则

形象主要是指一个人仪容、仪表的具体外在表现，即能引起人的思想或感情活动的具体形状或姿态。

在很多人眼中，形象只是指人的外表，形象美只体现在外观上。其实一个人的整体形象应该是同时包括外在形象和内涵修养的，只有内外兼修才能塑造出真正意义上的良好形象。内涵修养与外在形象是相辅相成的，一个没有内涵修养的人，外在条件再好也体现不出和谐的美感。形象美应该是由内向外散发的，是心灵美与外在美的和谐共生。因此，不能忽视内在品质与职业素养的塑造，要加强良好的行为习惯、良好的性格与心态，以及意志力等方面的培养，从而塑造良好的形象。

民航工作人员是指民航客机及站场上的服务人员，他们常常被认为是美的代表，给人们留下的印象往往是：漂亮的外表、清新的装扮、甜美的微笑。民航服务是一种高标准、高质量的服务，而民航工作人员更是提供这种优质服务的形象代表。

任务思维导图

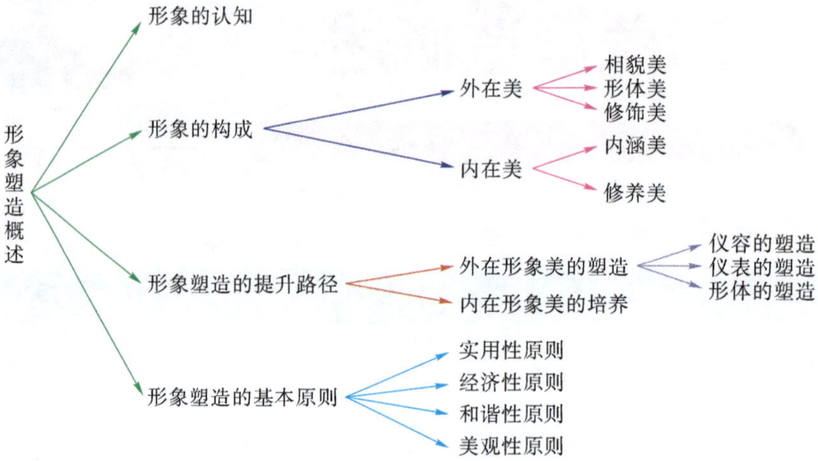
形象塑造概述
形象的认知
形象的构成
外在美
相貌美
形体美
修饰美
内在美
内涵美
修养美
形象塑造的提升路径
外在形象美的塑造
仪容的塑造
仪表的塑造
形体的塑造
内在形象美的培养
形象塑造的基本原则
实用性原则
经济性原则
和谐性原则
美观性原则

一、形象的认知

人的形象主要体现在外在和内在两个方面。外在形象体现在五官、皮肤、身材等自然条件上，同时又可以通过发型、化妆、形体训练等方面的设计与包装进一步将外在美体现出来；内在形象主要体现在个人的文化程度、道德品质、个人修养等方面。需要通过长时间的培养，并经过一个积累的过程，才能形成良好的内涵修养。形象的塑造还需考虑职业、年龄、身份、场合等因素，才能最终展现出与诸多因素相吻合、相适应的美。

二、形象的构成

随着社会的不断发展，现代审美标准也发生了巨大的变化，评价一个人是否美丽不再仅依据外表，而是看这个人的综合魅力。我们经常会发现，一个有魅力的人外表并不一定漂亮。具有高雅言谈举止的人，会受到更多人的认可，更能散发出永久的魅力。有人说："美的最高理想要在内容与形式的尽量完美的结合与平衡里才能找到。"苏联教育家苏霍姆林斯基曾以简短的话道出了一个人形象美的真正含义，他说："人的完满的美，表现在外表的典雅与内心的高尚，仪表的质朴与心灵的优美一致上。"由此可见，形象应该是由外在和内在两个方面构成的。

民航工作人员要同时进行内在美与外在美的修炼，才能塑造良好的职业形象。

（一）外在美

培根曾说："相貌高于色泽的美，而优雅合适的动作的美又高于相貌的美。"一个人外在的美主要由相貌美、形体美和修饰美等构成。相貌美是最自然的美，也可以说是一个人与生俱来的美。形体美和修饰美则是通过后天的培养塑造出来的。可以说，外在美是三分天然、七分塑造。

1. 相貌美

相貌美是指人的面容、肤色和五官长相的美，它涉及一个人的头发、脸庞、眼睛、鼻子、嘴巴、耳朵等在内的头部外观，以及无衣服遮蔽的手掌、手臂等部位。它是外在美中最显露的部分，因此占有重要的地位。

2. 形体美

形体由体格、体形、姿态构成。体格包括人的高度、体重、围度、宽度、长度等；体形指身体各部分的比例，如上下身长的比例，肩宽与身高的比例，各种围度之间的比例等；姿态指人坐、立、行、走等各种基本活动的姿势。可以说，形体美是一种综合美，它既包含了人体外表的形状和轮廓的美，又包含了人体在各种活动中表现出来的体态美。所谓形体美就是由健美的体格、完美的体形、优美的姿态及良好的气质融汇而成的，并由个体充分展现出来的整体的和谐美。

3. 修饰美

修饰指后天的整理和装饰。修饰美是指一个人通过发型的选择、化妆等方式使外表看起来更加美丽动人。一般的修饰方式有化妆、美发等。

（二）内在美

几千年来，人类对于内在美有着深刻的认识，如用“秀外慧中”来形容同时具有内在美和外在美的女子。内在美是人们对于形象美更高的要求，形象的作用可体现在日常生活中的交际、交往、择偶等多个方面，其重要地位是不言而喻的。外在的美丽自然会令人心情愉悦，但内在的美丽才是真正打动人心的。内在美是人类独有的，是人类文明的产物，只有人类才懂得欣赏内在美，追求内在美，塑造内在美。人的内在由内涵和修养构成。

1. 内涵美

一个有内涵的人必定是充满智慧的，并且具有良好的性格。智慧既是在大量知识积淀后，通过一定的悟性而产生的，更是自身优雅的基础。古人也曾说过：“腹有诗书气自华”，由此可见，知识是打开智慧之门的金钥匙，而智慧则是内涵的支柱。具有良好的性格能使人变得宽容，一切事物在一个良好性格的人眼里都有着美好的一面。一个人若是把事情都往好的方面想，必然遇事积极，敢于面对，这便拥有了强大的力量，这种力量来自自身的正能量。一个有内涵的人必然是一个有智慧、有勇气、有好性格、充满正能量的人，而这正是一个人气质的体现，内涵的丰富与否将通过他的气质由内而外地体现出来。换句话说，你拥有怎样的内涵便具有怎样的气质，而内涵的培养离不开文化、艺术等方面的学习。

2. 修养美

“修养”的原意包括修身养性、反省自身、陶冶品行和涵养道德。马克思主义赋予“修养”新的含义，就是要进行自我教育、自我改造。这种教育和改造离不开群众的社会实践，离不开在实践中个人的主观努力。“修养”一词，从广义上看是指人们在政治、道德、学术及技艺等方面的勤奋学习，以及经过长期努力达到的一种能力或思想品质。

三、形象塑造的提升路径

（一）外在形象美的塑造

在生活和工作中需要根据不同的环境、场合、职业对自身的外貌进行一定的塑造，使自己更富有魅力。仪容仪表的塑造包括仪容、仪表和形体三个方面的塑造。

1. 仪容的塑造

仪容的塑造主要是通过化妆来进行，首先要了解自己的皮肤状态、脸型特点、发质，并根据自身的特点为自己设计妆容，还要根据不同季节、不同场合选择适合自己的化妆风格和妆容特点。总之，仪容的塑造需要结合自身、职业等特点，才能使个人的仪容美充分展现出来。

2. 仪表的塑造

仪表的塑造是建立在仪容塑造的基础上的。有了美丽的容颜，必然要有得体的神态举止才能将容貌的美丽发挥到极致。仪表的塑造需要从个体的神态、个体交谈时注视对方的部位和角度等各方面进行培养和训练。自信的笑容、专注的眼神等都是一个人魅力的表现。

3. 形体的塑造

形体的塑造有利于保持健美的身材，有利于塑造优雅的体态并在日常行为中体现出来。形体的塑造可以选用健身器械和健身舞蹈加以辅助，但若想使形体的训练和内在气质相结合，展现完美的形象，则可以通过舞蹈训练来进行。首先，舞蹈原本就是艺术的一种，在训练舞蹈的同时其实也是对艺术审美的培养；其次，舞蹈对于体态和动作的要求极高，每一个动作、每一个体态甚至每一个表情都要“透着美”，可以说舞蹈本身就是美的训练；最后，舞蹈也属于有氧运动，适度的舞蹈可以锻炼人的体能，起到强身健体的作用。人们通过长时间的舞蹈训练可以增强体质，拥有优美的体态，进而散发美的气息。

（二）内在形象美的培养

内在形象美的培养有多种，从艺术方面进行培养应该是最有效的方式。作为民航工作人员，应当在陶冶情操的同时提升精神世界的认知，从而提高内涵修养。

艺术专业人员的培养主要是通过艺术院校、美术院校、音乐院校和舞蹈院校等专业院校进行的。除艺术专业人员以外的都称为非艺术专业人员。由于非艺术专业人员没有从小接受专业艺术训练，因此，非艺术专业人员应该根据情况，因材施教，进行合理的艺术教育。审美的培养是对非艺术专业人员进行艺术培养的最佳方式。

艺术审美，即通过鉴赏的方式提高个人的艺术修养和艺术审美能力，从而提高个人的品格、素养等。艺术审美也是最直接有效提高个人内在形象美的方式。

四、形象塑造的基本原则

（一）实用性原则

实用性原则不仅影响形象塑造的效果，还涉及与形象有关的各种因素，如个人的工作、生活、环境等。强调实用、强调艺术与技艺的结合，才是合理的塑造。民航工作人员在工作中一般要求化工作妆，但每个人的肤色、肤质、气质都会有所不同，化妆方法也应因人而异，必须结合个体的特点，总结适合个体的方法，进行有效的形象塑造。

（二）经济性原则

经济性原则是形象塑造必须考虑的。材料饰品价格高，形象塑造的成本必然昂贵，创意再好而成本高昂的塑造也无法长期在实际工作和生活中得以实施。所以，形象塑造必须考虑经济成本，成本低、质量高、有主题、效果好的塑造才是成功的。艺术与经济良好地结合，才能产生切实可行的形象塑造方案。

（三）和谐性原则

形象塑造的最终目的是通过各种美学元素的组合、重叠、取舍，形成和谐的美。塑造的构想、选材的性能、元素的组织都是形象能否形成和谐感的主要因素，是创造和谐美的关键。民航工作人员应将自身形象与职业要求相融合，形成职业特色与个性特点、社会环境相结合的和谐美。

（四）美观性原则

形象塑造的直接目标是在形式上达到美的效果，因此外形的美观是首先要强调的。健康、亲切、真诚、大方、聪慧、灵敏、干练的形象特征是当今旅客对民航工作人员共有的心理期待，这些形象特征正是通过精心设计的外观的美表现出来的。同时，仪容、仪态及礼仪规范是民航工作人员内在美与外在美的综合体现，是形象美的精华，是实现最佳形象塑造效果的主要内容。

任务二
做好形象塑造课程的学习规划

知识点

1. 形象塑造知识与技能的具体内容
2. 形象塑造课程学习规划

技能点

1. 了解形象塑造知识与技能的具体内容
2. 制订自己的形象塑造课程学习规划

在了解形象的概念，形象的构成，形象塑造的提升路径和基本原则的基础上，大家对形象塑造有了整体认知，下面我们需要制订形象塑造课程的学习规划，在这个规划的指导下，掌握形象塑造的知识与技能。

任务思维导图

- 做好形象塑造课程的学习规划
  - 形象塑造知识与技能的具体内容
  - 制订形象塑造课程学习规划

一、形象塑造知识与技能的具体内容

形象塑造知识与技能的具体内容如图 1-1 所示。

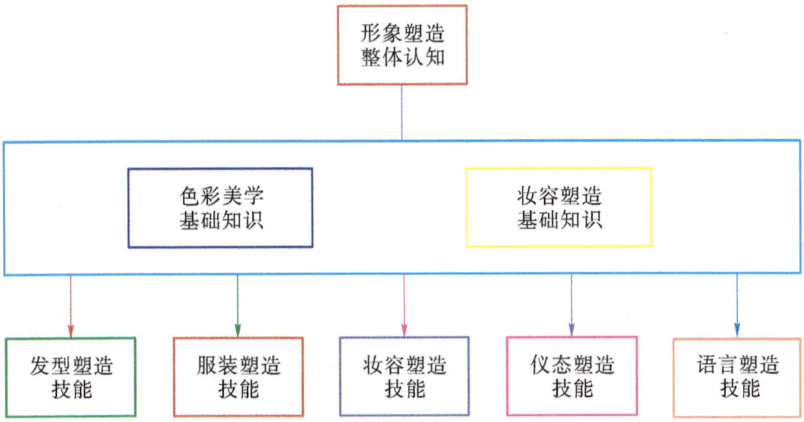

图 1-1　形象塑造知识与技能的具体内容

二、制订形象塑造课程学习规划

形象塑造课程学习规划见表 1-1。

表 1-1　形象塑造课程学习规划

	知识与技能模块	对应的教材内容	课时安排
形象塑造课程学习规划	形象塑造整体认知	项目一	4～6
	色彩美学基础	项目二	6～8
	妆容塑造基础知识	项目三	8～10
	妆容塑造技能	项目四	26～30
	民航工作人员的仪容塑造	项目五	6～8

复习计划表

任务一　形象塑造概述
复习时间________年____月____日—________年____月____日
复习知识点
复习技能点
复习札记
复习自我评价
任务二　做好形象塑造课程的学习规划
复习时间________年____月____日—________年____月____日
复习知识点
复习技能点
复习札记
复习自我评价

项目二　色彩美学基础

项目导入

本项目在项目一的基础上，对形象塑造的基础知识之一——色彩美学进行介绍。色彩是形象塑造最为关键的影响因素之一，只有对色彩美学包含的色彩常识、色彩搭配等知识有所了解，才能合理地开展形象塑造的实际操作。

项目目标

- **能力目标：**

将色彩美学基础知识运用到民航工作人员形象塑造中。

- **知识目标：**

1. 理解色彩的基础知识；
2. 掌握色彩的搭配方法。

项目知识模块关联图

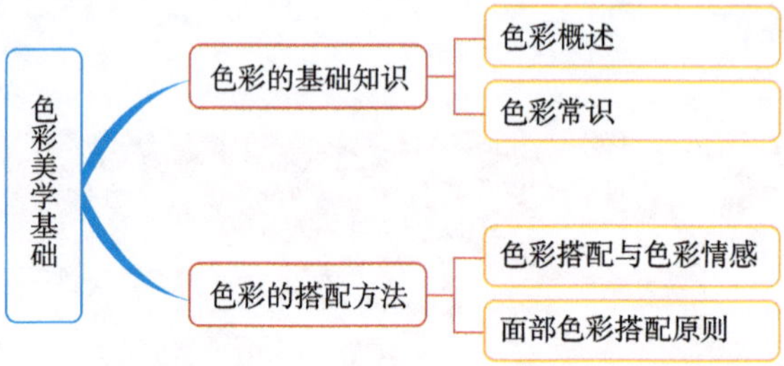

任务一

色彩的基础知识

知识点

1. 色彩的概念
2. 色彩的种类
3. 色相对比
4. 色彩的心理感受

技能点

1. 了解色彩的概念
2. 了解色彩的种类
3. 掌握色相对比知识
4. 掌握色彩的心理感受知识

在色彩美学中，首先应当了解的就是色彩的概念。色彩是各种不同性质的物体因吸收和反射光的程度不同而在视觉上呈现的复杂多样的光色现象。

色彩是形象塑造最基本的形式因素。在形象塑造过程中，要合理选择色彩，达到控制、调节和突出的作用，就必须对色彩的基本属性、排列规律、情感特征、社会观念及组合用法进行研究。

任务思维导图

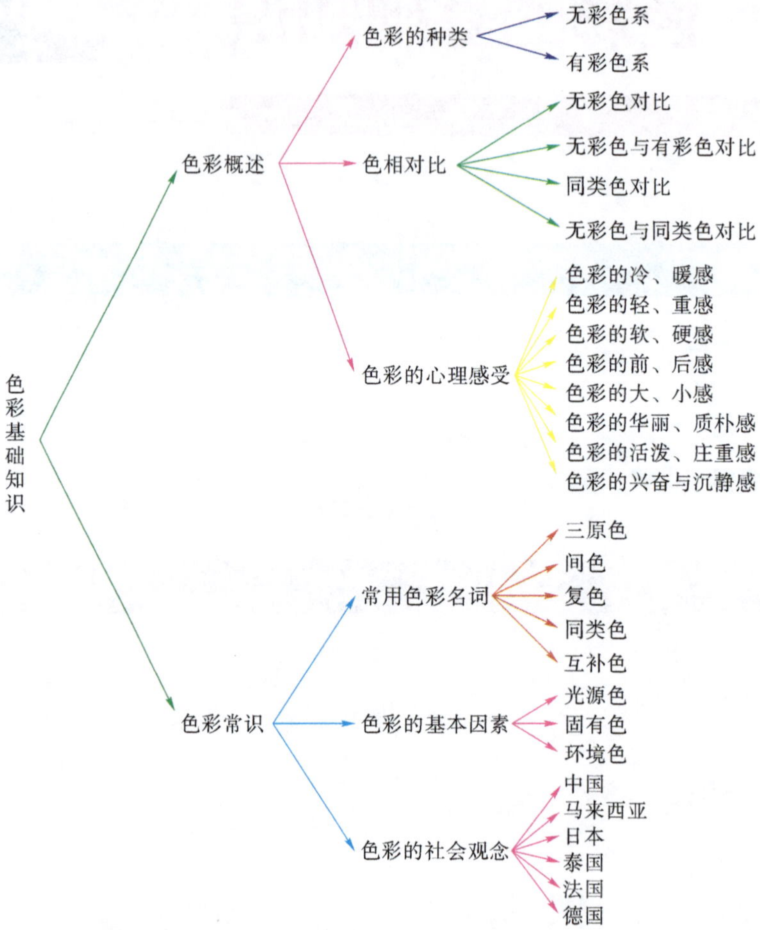
色彩基础知识
色彩概述
色彩的种类
无彩色系
有彩色系
色相对比
无彩色对比
无彩色与有彩色对比
同类色对比
无彩色与同类色对比
色彩的心理感受
色彩的冷、暖感
色彩的轻、重感
色彩的软、硬感
色彩的前、后感
色彩的大、小感
色彩的华丽、质朴感
色彩的活泼、庄重感
色彩的兴奋与沉静感
色彩常识
常用色彩名词
三原色
间色
复色
同类色
互补色
色彩的基本因素
光源色
固有色
环境色
色彩的社会观念
中国
马来西亚
日本
泰国
法国
德国

一、色彩概述

色彩是指光从物体反射到人的眼睛所引起的一种视觉心理感受。色彩按字面理解可分为色和彩，所谓色是指人将进入眼睛的光传至大脑后所产生的感知；彩则指多色的意思，是人对光变化的理解。自然界中的色彩如图 2–1 所示。

图 2–1　自然界中的色彩

色彩是能引起我们共同的审美愉悦的最为敏感的形式要素之一。色彩也是最有表现力的要素之一，它的性质直接影响人们的感情。丰富多样的色彩可以分成两个大类：无彩色系和有彩色系，有彩色系的颜色具有三个基本特性：色相、纯度（也称彩度、饱和度）、明度。在色彩学上也称为色彩的三大要素或色彩的三属性。纯度为 0 的颜色为无彩色系。在艺术中，色彩真实再现对象，创造空间的效果。

（一）色彩的种类

丰富多样的色彩可以分成两个大类：无彩色系和有彩色系。

1. 无彩色系

无彩色系是指白色、黑色及由白色和黑色调和形成的各种深浅不同的灰色。无彩色按照一定的变化规律，可以排成一个系列，由白色渐变为浅灰、中灰、深灰直到黑色，色度学上称此为黑白系列。黑白系列如图 2–2 所示。黑白系列中由白到黑的变化，可以用一条垂直轴表示，一端为白，一端为黑，中间有各种过渡的灰色。纯白是理想的完全反射光线的物体，纯黑是理想的完全吸收光线的物体。在现实生活中并不存在纯白与纯黑的物体，颜料中采用的锌白和铅白只能接近纯白，煤黑只能接近纯黑。无彩色系的颜色只有一种基本性质——明度。它们不具备色相和纯度的性质，也就是说它们的色相与纯度在理论上都等于零。色彩的明度可用黑白度来表示，越接近白色，明度越高；越接近黑色，明度越低。黑与白作为颜料，可以调节物体的反射率，提高或降低物体颜色的明度。明度如图 2–3 所示。

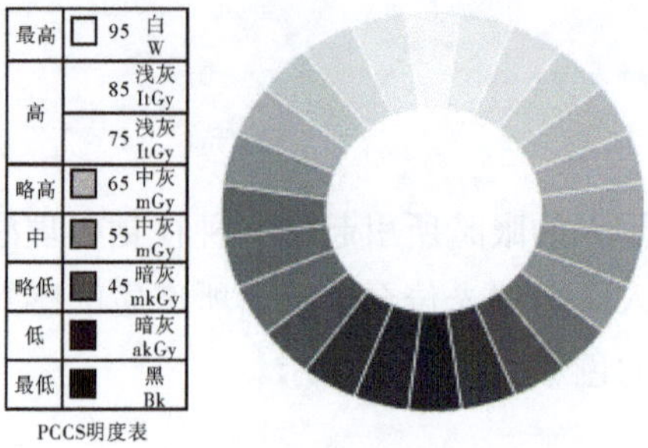

图 2-2　黑白系列

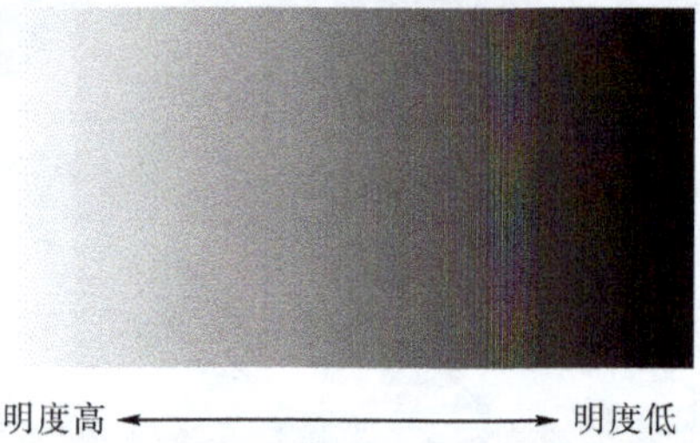

图 2-3　明度

2. 有彩色系

有彩色系（彩色）包括红、橙、黄、绿、青、蓝、紫等颜色。不同明度和纯度的红、橙、黄、绿、青、蓝、紫色调都属于有彩色系。有彩色系如图 2-4 所示。

图 2-4　有彩色系

有彩色系颜色具有三个基本特性：色相、纯度（也称彩度、饱和度）、明度。这三者在色彩学上也称为色彩的三大要素或色彩的三属性。

1）色相

色相是有彩色系颜色的最大特征。所谓色相是指能够比较确切地表示某种颜色色别的名称，如玫瑰红、橘黄、柠檬黄、钴蓝、翠绿……从光学物理上讲，各种色相是由射入人眼的光线的光谱成分决定的。对于单色光来说，色相的面貌完全取决于该光线的波长；对于混合色来说，色相则取决于各种波长光线的相对量。物体的颜色是由光源的光谱成分和物体表面反射（或透射）的特性决定的。色相（环）如图 2-5 所示。

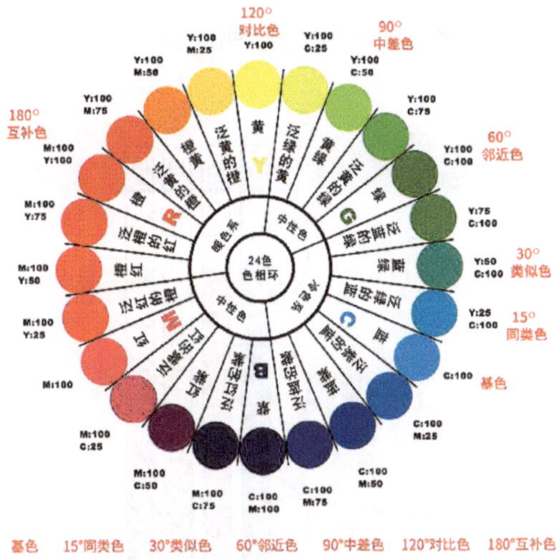

图 2-5 色相（环）

2）纯度

色彩的纯度是指色彩的纯净程度，它表示颜色中所含有色成分的比例。含有色彩成分的比例越大，则色彩的纯度越高；含有色成分的比例越小，则色彩的纯度越低。可见光谱的各种单色光是最纯的颜色，为极限纯度。当一种颜色掺入黑、白或其他彩色时，纯度就产生变化。当掺入的色达到很大的比例时，在眼睛看来，原来的颜色将失去本来的光彩，而变成掺和的颜色。当然这并不是说在这种被掺和的颜色里已经不存在原来的色素，而是由于大量的掺入其他彩色而使得原来的色素被同化，人的眼睛已经无法感觉出来了。有色物体色彩的纯度与物体的表面结构有关。如果物体表面粗糙，其漫反射作用将使色彩的纯度降低；如果物体表面光滑，那么，全反射作用将使色彩比较鲜艳。纯度如图 2-6 所示。

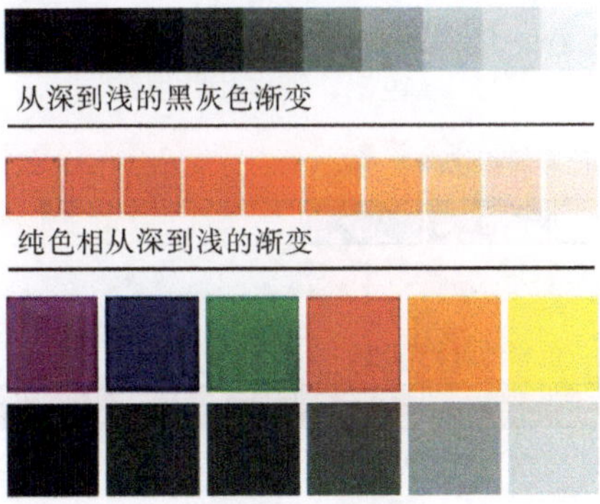

图 2-6 纯度

3）明度

明度是指色彩的明亮程度。各种有色物体由于它们的反射光量的区别而产生颜色的明暗强弱。色彩的明度有两种情况：一是同一色相不同明度。如同一颜色在强光照射下显得明亮，在弱光照射下显得较灰暗和模糊；同一颜色加黑或加白掺和以后也能产生各种不同的明暗层次。二是各种颜色的不同明度。每一种纯色都有与其相应的明度。黄色明度最高，蓝紫色明度最低，红、绿色为中间明度。色彩的明度变化往往会影响到纯度，如红色加入黑色后明度降低了，同时纯度也降低了；如果红色加白色则明度提高了，纯度仍降低了。明度如图 2-7 所示。

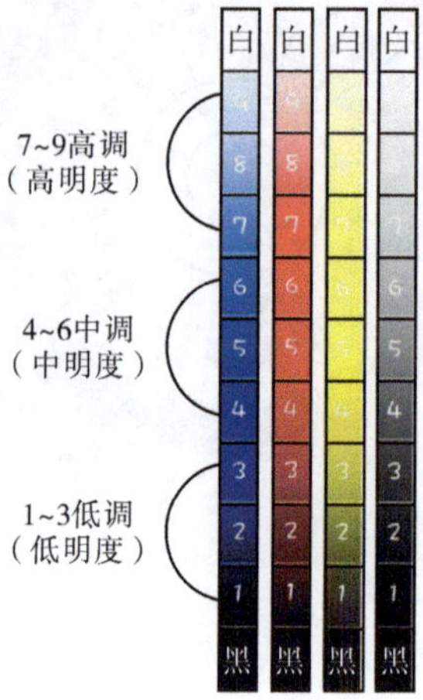

图 2-7　明度

有彩色的色相、纯度和明度三大特征是不可分割的，应用时必须同时考虑这三个因素。色相、纯度和明度的对比如图 2-8 所示。色相、纯度和明度的区别如图 2-9 所示。

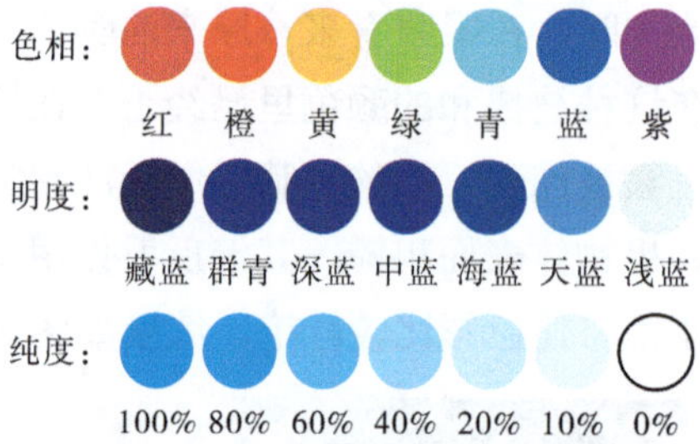

图 2-8　色相、纯度和明度的对比

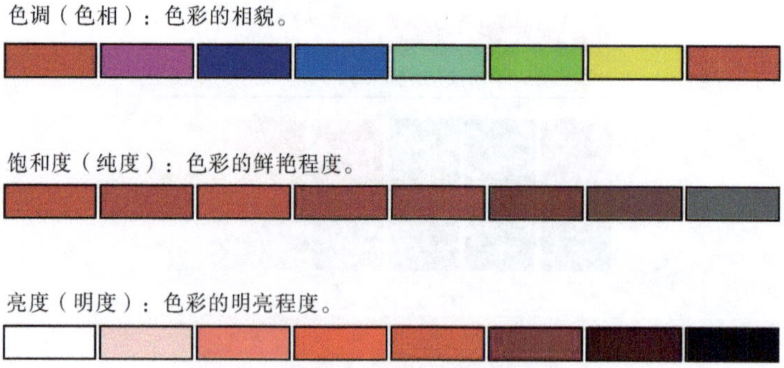

图 2-9　色相、纯度和明度的区别

（二）色相对比

两种以上色彩组合后，由于色相差别而形成的色彩对比效果称为色相对比。它是色彩对比的一个根本角度，对比强弱程度取决于色相之间在色相（环）（见图 2-5）上的距离（角度），距离（角度）越小对比越弱，反之则对比越强。

1. 无彩色对比

无彩色虽然无色相，但它们的组合在实用性方面很有价值。如黑与白、黑与灰、中灰与浅灰等。这种对比效果感觉大方、庄重，高雅而富有现代感，但也易产生过于素净的单调感。无彩色对比如图 2–10 所示。

图 2–10　无彩色对比

2. 无彩色与有彩色对比

无彩色与有彩色对比如黑与红、灰与紫等。无彩色与有彩色对比效果既大方又活泼，无彩色面积大时，偏向高雅、庄重，有彩色面积大时活泼感增强。无彩色与有彩色对比如图 2–11 所示。

图 2–11　无彩色与有彩色对比

3. 同类色对比

同类色对比指一种色相的不同明度或不同纯度变化的对比，俗称同类色组合。如蓝与浅蓝（蓝+白）色对比，绿与浅绿（绿+白）、绿与墨绿（绿+黑）色等对比。对比效果统一、雅致、含蓄、稳重，但也易产生单调、呆板的效果。同类色对比如图 2–12 所示。

4. 无彩色与同类色对比

无彩色与同类色对比如白与深蓝、黑与咖啡色等对比，其效果综合了无彩色与有彩色对比和同类色相对比的优点，既有一定层次，又显大方、活泼、稳定。无彩色与同类色对比如图 2–13 所示。

图 2-12　同类色对比

图 2-13　无彩色与同类色对比

（三）色彩的心理感受

1. 色彩的冷、暖感

色彩本身并无冷暖的温度差别，其冷、暖感是视觉色彩引起人们对冷暖感觉的心理联想导致的。

（1）暖色：人们见到红、红橙、橙、黄橙、红紫等色后，马上联想到太阳、火焰、热血等物像，产生温暖、热烈、危险等感觉。

（2）冷色：见到蓝、蓝紫、蓝绿等色后，人们则很易联想到太空、冰雪、海洋等物像，产生寒冷、理智、平静等感觉。

色彩的冷暖感觉，不仅表现在固定的色相上，而且在比较中还会显示其相对的倾向性。如同样表现天空的霞光，用玫红画早霞产生清新而偏冷的感觉，而描绘晚霞则需要暖感强的大红了；而如与橙色对比，前面两色又都有寒感倾向。人们往往用不同的词汇表述色彩的冷暖感觉，暖色——阳光、不透明、刺激的、稠密的、深的、近的、重的、男性的、强制性的、干燥的、感情的、方角的、直线型的、扩大的、稳定的、热烈的、活泼的、开放的等。冷色——有阴影的、透明的、镇静的、稀薄的、淡的、远的、轻的、女性的、微弱的、湿润的、理智的、圆滑的、曲线型的、缩小的、流动的、冷静的、文雅的、保守的等。色彩的冷、暖感如图 2-14 所示。

图 2-14　色彩的冷、暖感

（3）中性色：绿色和紫色是中性色。黄绿、蓝、蓝绿等色，使人联想到草、树等植物，产生青春、生命、和平等感觉。紫、蓝紫等色使人联想到花卉、水晶等珍贵物品，故易产生高贵、神秘的感觉。至于黄色，一般被认为是暖色，因为它使人联想起阳光、光明等，但也有人视它为中性色，当然，同属黄色相，柠檬黄显然偏冷，而中黄则感觉偏暖。中性色如图 2–15 所示。

图 2–15　中性色

2. 色彩的轻、重感

色彩的轻、重感主要与色彩的明度有关。明度高的色彩使人联想到蓝天、白云、彩霞、花卉、棉花、羊毛等，产生轻柔、飘浮、上升、敏捷、灵活等感觉。明度低的色彩易使人联想到钢铁、大理石等物品，产生沉重、稳定、降落等感觉。色彩的轻、重感如图 2–16 所示。

3. 色彩的软、硬感

色彩的软、硬感主要也来自色彩的明度，但与纯度亦有一定的关系。明度越高感觉越“软”，明度越低则感觉越“硬”。明度高、纯度低的色彩有软感，中纯度的色也呈柔软感，因为它们易使人联想起骆驼、狐狸、猫、狗等动物的皮毛，以及毛呢、绒织物等。高纯度和低纯度的色彩都呈硬感，如它们明度又低则硬感更明显。色相与色彩的软、硬感几乎无关。色彩的软、硬感如图 2–17 所示。

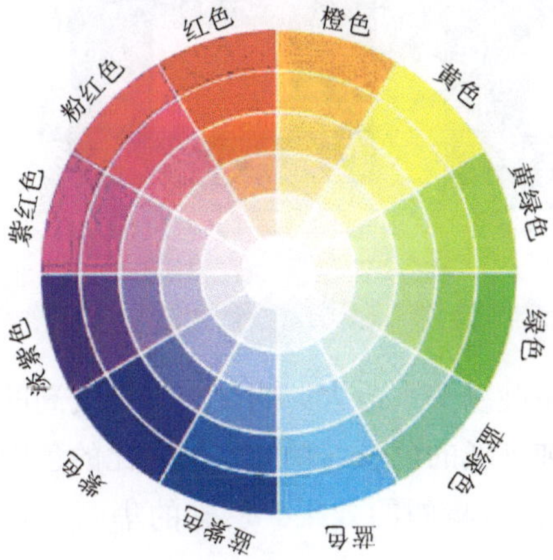

图 2–16　色彩的轻、重感

图 2–17　色彩的软、硬感

4. 色彩的前、后感

各种不同波长的色彩在人眼视网膜上的成像有前后之分，红、橙等光波长的色在视网膜后面成像，感觉比较近，蓝、紫等波长短的色则在视网膜前面成像，感觉就比较远。

实际上这是视错觉的一种现象，一般暖色、纯色、高明度色、强烈对比色、大面积色、集中色等有前进的感觉；相反，冷色、浊色、低明度色、弱对比色、小面积色、分散色等有后退的感觉。色彩的前、后感如图 2-18 所示。

图 2-18　色彩的前、后感

5. 色彩的大、小感

色彩有前后的感觉，因而暖色、高明度色等有扩大、膨胀感，冷色、低明度色等有显小、收缩感。色彩的大、小感如图 2-19 所示。

图 2-19　色彩的大、小感

6. 色彩的华丽、质朴感

色彩的三要素对华丽及质朴感都有影响，其中纯度关系最大。明度高、纯度高的色彩，丰富、强对比的色彩感觉华丽、辉煌。明度低、纯度低的色彩，单纯、弱对比的色彩感觉质朴、古雅。无论何种色彩，如果带上光泽，都能获得华丽的效果。色彩的华丽、质朴感如图 2-20 所示。

7. 色彩的活泼、庄重感

暖色、高纯度色、多彩色、强对比色感觉跳跃、活泼、有朝气。冷色、低纯度色、低明度色感觉庄重、严肃。色彩的活泼、庄重感如图 2–21 所示。

图 2–20　色彩的华丽、质朴感

图 2–21　色彩的活泼、庄重感

8. 色彩的兴奋、沉静感

红、橙、黄等鲜艳而明亮的色彩给人以兴奋感，蓝、蓝绿、蓝紫等色令人感到沉着、平静。高纯度色带来兴奋感，低纯度色带来沉静感。色彩的兴奋、沉静感如图 2–22 所示。

图 2–22　色彩的兴奋、沉静感

二、色彩常识

（一）常用色彩名词

1. 三原色

绘画色彩中最基本的颜色有三种，即红、黄、蓝，它们常被称为三原色。这三种原色颜色纯正、鲜明，而且这三种原色可以调配出多种色彩。

2. 间色

间色是两个原色相混合得出的色彩，如黄调蓝得绿、蓝调红得紫、红调黄得橙。

3. 复色

复色是两个间色（如橙与绿、绿与紫）或一个原色与相对应的间色（如红与绿、黄与紫）相混合得出的色彩。复色包含了三原色的成分，成为色彩纯度较低的含灰色彩。

4. 同类色

同一色相中不同倾向的系列颜色被称为同类色。如柠檬黄、中黄、橘黄、土黄等，它们称为同类色。

5. 互补色

红与绿，蓝与橙，黄与紫互为补色。补色相减（练习配色时，将两种补色颜料涂在白纸的同一点上）时，就成为黑色。补色并列时，例如红与绿并列，会引起强烈对比的色觉，会感到红的更红、绿的更绿，如将补色的饱和度减弱，即能趋向调和。

（二）色彩的基本因素

1. 光源色

各种光源发出的光（室内光、室外光、人造光），光波的长短、强弱、比例性质不同形成了不同的色光，称为光源色。光源色一般在物体亮部呈现。

2. 固有色

自然光线下，物体所呈现的本身色彩称为固有色。在一定的光照和周围环境的影响下，固有色会产生变化，对此初学色彩者要特别注意。

3. 环境色

物体周围环境的颜色由于光的反射作用，引起物体色彩的变化称为环境色。物体暗部的反光部分变化特别明显。

（三）色彩的社会观念

不同国家和民族，由于受自然环境、社会状况和文化传统的影响，其色彩的视觉心理具有不同的好恶和习惯，形成了具有地域特征的社会观念。色彩的这种社会观念，是地理、气候、政治、经济、文化、宗教、历史传统综合作用的反映，不同地域环境的人们对色彩有着不同的社会观念。

1. 中国

中国人热爱红色和黄色。人们视红色为吉祥和幸福的象征，习惯将红色用于喜庆的节日；而将白色和黑色用于丧事，视为不吉利之色。同时，中国人十分重视黄色，视黄色为崇高和权威的象征，是历代帝王的专用色。中国的国旗和国徽，皆以红色为底，以黄色绘制图案，显得庄严、肃穆。

2. 马来西亚

马来西亚人的服饰偏好红色、橙色和其他一些鲜艳的颜色。他们认为黑色属于消极之色，黄色也不适于作为服装之色。受伊斯兰教影响，马来西亚人对绿色十分喜爱。

3. 日本

日本人大都喜爱白色与黄色。他们讨厌的色彩主要是绿色和紫色，认为这两种色彩具有不祥与悲伤的意味。

4. 泰国

泰国人非常喜爱红色和黄色，并且对蓝色颇有好感。在他们看来，蓝色象征着“永恒”与“安定”。在泰国的三色国旗上，蓝色居中，并且代表着王室。对于褐色，泰国人比较忌讳。他们还忌讳用红色的笔签字，或是用红色刻字。

5. 法国

法国人对色彩的研究和运用十分讲究，视鲜艳明朗的色彩为时髦，尤其喜爱华丽、高贵的色调。一般男性喜藏青色，女性喜粉红色。法国人对色彩的想象力也比较强。由于灰草绿色使人联想到法西斯军服，因此法国人厌恶这种色彩。

6. 德国

德国人喜爱鲜蓝色、鲜黄色、鲜橙色；不喜欢淡粉红色、暗黄色和红黑相间的褐色；特别厌恶咖啡色衬衫、暗蓝色衬衫和大红领带。

任务二

色彩的搭配方法

知识点

1. 色彩搭配与色彩情感
2. 色彩搭配原则

技能点

1. 了解色彩搭配与色彩情感
2. 掌握色彩搭配原则

色彩在形象塑造中具有修饰、弥补人的外形缺陷的作用。不同肤色、发色、体型、年龄、性别的人对各种色彩的适应度并不相同，我们必须了解和选择适合个人机体特征的色彩，强化色调和色彩与机体的融洽度，以适应人们对色彩的不同心理期待，实现形象塑造的最佳效果，利用色彩创造出一个完美的“新人”。

任务思维导图

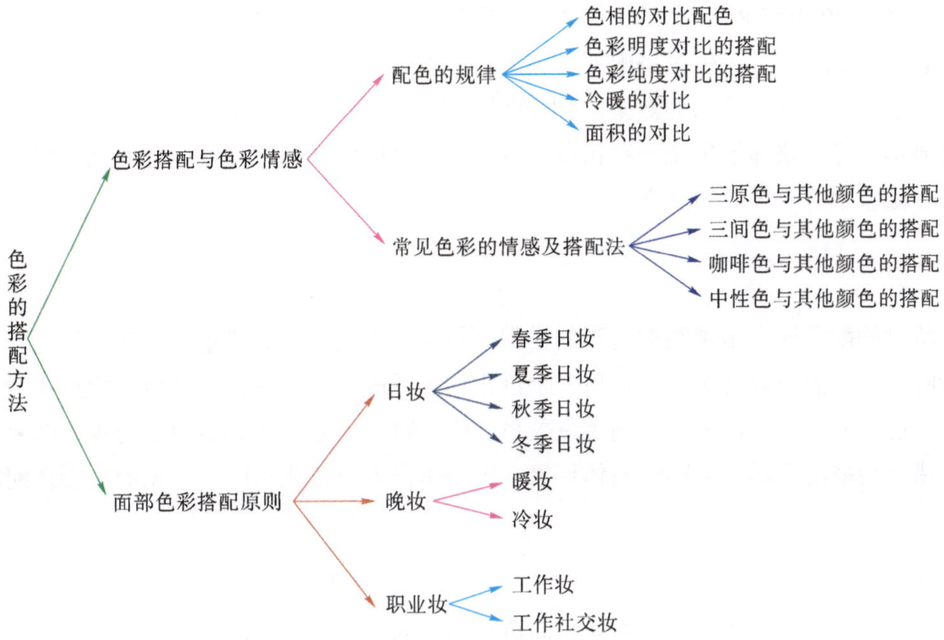
色彩的搭配方法
色彩搭配与色彩情感
配色的规律
色相的对比配色
色彩明度对比的搭配
色彩纯度对比的搭配
冷暖的对比
面积的对比
常见色彩的情感及搭配法
三原色与其他颜色的搭配
三间色与其他颜色的搭配
咖啡色与其他颜色的搭配
中性色与其他颜色的搭配
面部色彩搭配原则
日妆
春季日妆
夏季日妆
秋季日妆
冬季日妆
晚妆
暖妆
冷妆
职业妆
工作妆
工作社交妆

一、色彩搭配与色彩情感

色彩搭配是指对色彩进行搭配，成功的色彩搭配可以取得更好的视觉效果。“色彩搭配”这一理念对于20世纪80年代的大多数只敢穿黑、白、灰、蓝的中国人来说，无疑是个很大的惊喜。进入21世纪，“色彩搭配”已经风靡了中国的大江南北。

色彩的运用决定了妆面的效果，不同的色彩搭配有不同的情感表达方法。颜色搭配合理，则妆面显得干净，整体形象统一；错误的颜色搭配会使妆面显得凌乱、不协调。因此，色彩的搭配在化妆中有着重要的意义。

（一）配色的规律

化妆时的配色通常是指眼部色彩的搭配，妆面与服装颜色的搭配等。在运用色彩进行面部化妆时，配色的一般规律为：任何一个色相均可以成为主色调，与其他色相组成对比色关系、互补色关系、邻近色关系和同类色关系。化妆时，色彩的情感运用要与妆面的要求达成一致。错误地搭配色彩，会影响整体形象。民航工作人员在化妆时，常见的色彩搭配法有以下几种。

1. 色相的对比配色

色相的对比有原色与原色的对比、间色与间色的对比、原色与间色的对比等。其对比规律有以下几种。

1）色相的强对比配色

（1）对比色对比（即原色与原色的对比配色）。对比色对比是指三个原色之间的对比，属于强对比，一般不用于职业妆中。

（2）互补色对比（即间色与间色的对比配色）。互补色对比的效果比较强烈，引人注目，所以民航工作人员在化妆时一般不采用，其常用于舞台妆、晚妆等场合。

2）色相的弱对比配色

（1）邻近色对比。如橙色与红色的对比，黄色与绿色的对比，蓝色与紫色的对比等。邻近色因色相相距较近，容易达成调和，而且色彩的变化要比同类色丰富。邻近色对比在运用时，同样应注意加强色彩明度和纯度的对比，使邻近色的变化范围更宽、更广。在化妆应用中，使用邻近色进行对比，也可与同类色对比搭配进行妆面的处理，使妆面效果显得柔和。

（2）同类色对比。同类色对比是指在同一色相中，色彩不同纯度与明度的对比，如深蓝色与蓝色的对比。在妆容中常用于眼部的眼影颜色，使妆面效果显得协调、柔和。当然，同类色的对比也容易使妆面显得平淡、单调，缺乏立体感，所以，同类色在运用时应注意明度和纯度对比的变化，使其对比效果丰富起来，避免单调。

2. 色彩明度对比的搭配

明度对比是色彩的明暗程度的对比，深与浅的对比，也称色彩的黑白度对比。明度对比是色彩构成的最重要的因素，色彩的层次与空间关系主要依靠色彩的明度对比来表现。只有色相的对比而无明度对比，则图案的轮廓形状难以辨认；只有纯度的对比而无明度的对比，则图案的轮廓形状更难辨认。在化妆时，明度的对比常常被运用。例如，立体晕染法就是通过明度对比完成的，利用深浅不同的颜色使较扁平的五官显得有立体感。此外，明度对比有强弱之分。

3. 色彩纯度对比的搭配

纯度对比是指由于色彩纯度的区别而形成的色彩对比效果。色彩中的纯度对比有强对比、弱对比之分。

1）强对比

纯度强对比使画面明朗、富有生气，色彩认知度也较高，效果强烈，但反差较大。民航工作人员在化妆时，要根据妆面需要选择色彩纯度的强与弱。

2）弱对比

纯度弱对比的画面视觉效果比较弱，形象的清晰度较低，适合长时间及近距离观看。其对比效果和谐、含蓄、自然柔和。

4. 冷暖的对比

色彩原本没有冷暖之分，通常说的色彩的冷暖是人的一种心理感受。暖色使人感到温暖，如看到红色会使人联想到火苗，让人感到温暖。冷色使人安静，如看到蓝色让人想到大海，让人安静。红与蓝是色彩冷暖的两个极端，绿色与紫色居中。化妆时，暖色系的妆面加入冷色的点缀会使妆面显得更加温暖，而冷色系的妆面加入暖色的点缀会使妆面显得冷艳。在具体运用时，要考虑妆面的要求。

5. 面积的对比

同样的两种颜色对比时，由于面积的不同，会产生不同的效果。

（1）两色块的面积相同或接近时，对比效果强烈，属于强对比。

（2）两色块的面积相差较大时，属于弱对比。

（二）常见色彩的情感及搭配法

色彩本身是没有情感的，丰富多彩的色彩给人们带来不同的心理或视觉感受，颜色对眼睛的刺激也会对人们的情感产生影响，所以，在化妆时，可以利用色彩的情感作用，表现不同的妆面效果。

1. 三原色与其他颜色的搭配

1）红色

红色具有热情、喜悦、开朗、艳丽、直爽、幸福、吉祥、赤诚、血腥、恐怖等特点。在化妆时，红色可与无色彩系——黑、白、灰色搭配。与黑色搭配显得稳重，与白色搭配显得活泼，与灰色搭配显得优雅。红色也可以与金、银色搭配，显得时尚、动感。

2）黄色

黄色具有温暖、希望、丰收、明快、警惕、生命力、注意等特点。在化妆时，黄色可与无色彩系——黑、白色搭配。与黑色搭配显得沉稳，与白色搭配显得可爱。黄色可与金色、咖啡色搭配，有和谐、自然、华丽的感觉。黄色也可与蓝、绿、紫等色搭配，可突出黄色的明度。

3）蓝色

蓝色具有深沉、永恒、冷静、信仰、收敛、寒冷等特点，可与黑、白、粉、黄、橙等色搭配。蓝色与白色搭配，可用于职业妆的塑造，蓝色与黄色搭配，给人清爽、明快的感觉，常用于夏季日妆，蓝色与粉色搭配，显得时尚动感，可用于春季日妆。

2. 三间色与其他颜色的搭配

1）橙色

橙色具有丰收、成熟、健康、积极、光明、兴奋、快乐等特点，可以与黑色、金色、绿色、黄色、紫色等色搭配。橙色通常适用于皮肤颜色较深、有“健康肤色”的人。

2）紫色

紫色在色彩中的波长最短，有神秘、内敛、孤傲、失落、高贵、优雅之感，可与黑、白、粉红、金、银、黄等色搭配。

3）绿色

绿色给人博爱、和平、希望、年轻、快乐、新鲜、安全的感觉，可与黑、白、粉红、金、银、黄、橙等色搭配。

3. 咖啡色与其他颜色的搭配

咖啡色也称为化妆中的“万能色”，即“最安全”的颜色，有成熟、稳重、内敛、中庸、温暖、安静的感觉，可与任何颜色搭配，尤其适合与米色、金色、黑色、红色等色搭配。

4. 中性色与其他颜色的搭配

金、银、黑、白、灰在色彩的感觉上属于中性色，可以与任何颜色搭配，起到缓冲、协调的作用，突出其他颜色。

色彩搭配小方法

（1）冷色+冷色；暖色+暖色；冷色+中间色。

（2）暖色+中间色；中间色+中间色；纯色+纯色。

（3）净色（纯色）+杂色；纯色+图案。

二、面部色彩搭配原则

民航工作人员在化妆时，面部化妆色彩的选择要根据个人的喜好、年龄、职业、季节、光源与自身的条件来决定。不同的妆面应该有不同的色彩搭配原则。

（一）日妆

日妆用于日常的生活，化妆时，应以自然柔和为主。色彩搭配上应考虑多方面因素，如天气、季节、环境等。

1. 春季日妆

1）粉底的选择

春季日妆不宜选择遮盖力较强的粉底，应该营造透明的质感效果，例如使用接近肤色的粉底液或略带粉色调的粉底霜，可突出皮肤本身的美感。由于春季皮肤较干，在涂粉底前应做好充分的保湿工作。

2）眼影的选择

眼影可以选择明快、有朝气特征的颜色，如橙红、草绿、明黄、浅棕等。春季日妆的眼影颜色应以单色为主，明度要高。也可用两种颜色搭配晕染，如白色与粉色搭配，显得可爱。

3）眼线及睫毛

眼线颜色以黑色、灰色、深棕色为主；睫毛不必涂得过于厚重，以黑色为主。

4）眉色的选择

眉色可选择棕色、浅灰色等。

5）唇色的选择

唇色以清淡、透薄为主，如浅粉色、橙红色。可选择唇釉、唇蜜等，使唇部看起来自然红润。

6）腮红的选择

腮红的颜色应选择唇部颜色的同系色并且要略浅于唇部颜色。

2. 夏季日妆

1）粉底的选择

粉底应该选择具有透明质感的产品，突出皮肤本身的美感，可以选择质地轻薄、略深于自身肤色的粉底液。夏季化妆应注意不要露出化妆痕迹。

2）眼影的选择

眼影颜色的选择应以清爽为主，如蓝色、淡黄色等颜色，不宜选择暖色系，会带给人烦躁、不安的感觉。晕染的面积不能太大，可选择眼影膏或珠光色产品进行晕染。也可根据服装来搭配较为鲜艳的颜色，在颜色的搭配上也相对自由，如米色与绿色搭配，显得青春靓丽。

纯度较高的两种颜色搭配使用，显得动感时尚，如蓝色与红色、粉色与绿色。

3）眼线及睫毛

眼线颜色以灰色、深棕色为主，睫毛的颜色以黑色或棕色为主，不必涂得过于厚重。

4）眉色的选择

眉色可选择棕色、浅灰色，或与眼影色协调的冷色系色彩，如深紫、墨绿、蓝黑色等。

5）唇色的选择

唇色以浅粉色、橙红色、粉红色为主。可选择唇釉、唇蜜等，使唇部看起来自然红润。

6）腮红的选择

腮红的颜色应选择唇部颜色的同系色并且要略浅于唇部颜色。

3. 秋季日妆

1）粉底的选择

如果皮肤没有瑕疵，可选用粉底液。若有瑕疵，则适合选择膏霜状的粉底来晕染，颜色不可太暗沉，也不可过于苍白。要体现健康的肤色，并且符合秋天的季节特征。

2）眼影的选择

眼影的选择应给人成熟、稳重的感觉，以衬托秋天的季节特色。可选择棕色、灰色系等来晕染，也可选择明度较低的色彩，如蓝紫色、橙棕色等。两种或两种以上的颜色搭配时，不可过于鲜艳。常见的搭配法有白色与咖啡色搭配、金色与黑色搭配等。

3）眼线及睫毛

眼线以黑色、灰色、棕色为主，睫毛以黑色为主，可适当涂得浓密些。

4）眉色的选择

眉色可选择黑色、棕色、灰色、蓝紫色等。

5）唇色的选择

唇部可以选择唇膏来晕染，颜色以橙红、紫红为主。

6）腮红的选择

腮红的颜色应选择唇部颜色的同系色并且要略浅于唇部颜色。

4. 冬季日妆

1）粉底的选择

可选择遮盖力较强的粉底霜，粉底颜色可略浅于自己的肤色，并比对脸型进行细致的矫正化妆，以突出面部的立体感。

2）眼影的选择

眼影的选择应给人温暖的感觉，可选择暖色来晕染，并且其纯度要高，明度要低，如棕红色、紫红色。大红色与黑色的搭配效果也非常好。

3）眼线及睫毛

眼线以黑色为主，睫毛可适当涂得浓密些，以黑色为主。

4）眉色的选择

眉色可选择黑色、棕色、灰色、棕红色等。

5）唇色的选择

唇部可以选择唇膏来晕染，颜色以玫瑰红、棕红为主。

6）腮红的选择

腮红的颜色应选择唇部颜色的同系色并且要略浅于唇部颜色。

当然，在实际的化妆过程中，每个人的气质、肤色、着装风格有所不同，在以上的化妆配色的基础上，应根据个人的自身情况做相应的调整。

（二）晚妆

晚妆的形式多种多样，依据不同灯光照射情况、不同服装颜色，可将妆面分为冷、暖两种。

1. 暖妆

（1）粉底。可选择偏粉红色的粉底霜。

（2）眼影。可选择暖色系眼影。

（3）眼线及睫毛。眼线颜色以黑色、灰色、棕色为主，睫毛可涂黑色。

（4）眉色。眉色可选择黑色、棕色、棕黑色等。

（5）唇色。唇部可以选择唇膏来晕染，颜色以橙红、粉红、大红为主。

（6）腮红。腮红的颜色应选择唇部颜色的同系色并且要略浅于唇部颜色。

2. 冷妆

（1）粉底。可选择偏浅色的粉底霜。

（2）眼影。可选择冷色系眼影。

（3）眼线及睫毛。眼线颜色以黑色、灰色为主，睫毛可涂黑色。

（4）眉色。眉色可选择黑色、棕黑色等。

（5）唇色。唇部可以选择唇膏来晕染，颜色以紫红、玫瑰红为主。

（6）腮红。腮红的颜色应选择唇部颜色的同系色并且要略浅于唇部颜色。

（三）职业妆

民航工作人员的职业妆主要适用于相对固定的工作环境（写字楼、交通工具、公共设施等）及与工作相关的社交活动场合。其化妆特色应符合职业形象。

1. 工作妆

民航工作人员在服务时的环境、温度、光线、服装要求相对固定，所以化妆时不能像生活妆那样多变，应注意淡雅含蓄，妆面效果要与服装协调，且保持时间要持久。

（1）粉底。选择持妆较久、接近肤色的膏霜状粉底来晕染，在涂抹的时候注意要少量运用，不宜过厚，以保持皮肤原有的透明状态。

（2）眼影。眼影颜色的选择应给人成熟、稳重、亲和的感觉，以衬托职业特色，可选择蓝紫色、浅红色、棕紫色等。

（3）眼线及睫毛。眼线颜色以黑色为主，睫毛可适当涂得浓密适中，不宜使用假睫毛。

（4）眉色。眉色可选择黑色、棕色、灰色。

（5）唇色。唇部可以选择唇膏来晕染，颜色以接近纯色的粉红、紫红为主。

（6）腮红。腮红的颜色应选择唇部颜色的同系色并且要略浅于唇部颜色。

目前，民航工作人员的工作制服通常有红色、蓝色、紫色、棕红色等颜色，民航工作人员在化妆时应考虑服装的颜色，以免妆面与服装颜色不协调。例如：穿红色的制服时晕染粉红色的眼影作为装饰色比较协调，但同样是粉红色的眼影与蓝紫色的制服搭配，会使妆面，尤其是眼部颜色显得浑浊。

2. 工作社交妆

民航工作人员社交场合的着装样式多变，所以化妆的风格与色彩相对来说也较为灵活，妆色可以亮丽一些，可以选择暖色系的颜色，也可选择冷色系。

【项目实训】民航工作人员面部色彩搭配

【实训目标】

（1）能够通过教师讲解、案例讨论，掌握相应知识点。

（2）开展团队合作，发挥每一个团队成员的能力，通过学习小组讨论、分析、评价的方法，对讨论的问题进行记录和小结。

（3）能够形成初步的独立思考能力。

（4）能够培养初步的自主学习能力

【实训内容与要求】

（1）由教师介绍实训的目的、方式、要求，调动学生实训的积极性。

（2）由教师布置模拟实训题目——民航工作人员面部色彩搭配训练。

（3）由教师介绍色彩的相关知识及训练方法。

（4）各小组对教师布置的问题进行讨论、训练，拍摄实训照片和视频并记录小组成员的发言和训练情况。

（5）根据小组讨论及训练记录，撰写讨论小结。

（6）各小组相互评议，教师点评、总结

【实训成果与检测】

成果要求：

（1）提交案例讨论记录：3～5 名学生一组，设组长 1 人、记录员 1 人，每组必须有小组讨论、训练情况、工作分工的详细记录，以作为考核成绩的依据。

（2）能够在规定的时间内完成相关的讨论和实操，撰写小结。

评价标准：

（1）上课时积极与老师配合，积极思考、发言。

（2）认真阅读案例，积极参加小组讨论，分析问题思路较宽。案例分析基本完整，能结合所学理论知识解答问题。

（3）积极参与小组活动，与团队成员协调配合

复习计划表

任务一　色彩的基础知识
复习时间＿＿＿＿年＿＿月＿＿日—＿＿＿＿年＿＿月＿＿日
复习知识点
复习技能点
复习札记
复习自我评价
任务二　色彩的搭配方法
复习时间＿＿＿＿年＿＿月＿＿日—＿＿＿＿年＿＿月＿＿日
复习知识点
复习技能点
复习札记
复习自我评价

项目三　妆容塑造基础知识

项目导入

本项目在对化妆概念进行介绍的基础上，对常用化妆品与化妆用具、基底化妆、与化妆相关的脸部知识进行了阐述。这些妆容塑造基础知识与色彩美学知识一样是进行形象塑造实际操作的基础。

项目目标

- **能力目标：**

将妆容塑造基础知识运用到民航工作人员形象塑造中。

- **知识目标：**

1. 理解化妆概念、辨识化妆品与化妆用具；
2. 掌握基底化妆技巧；
3. 理解与化妆相关的脸部知识。

项目知识模块关联图

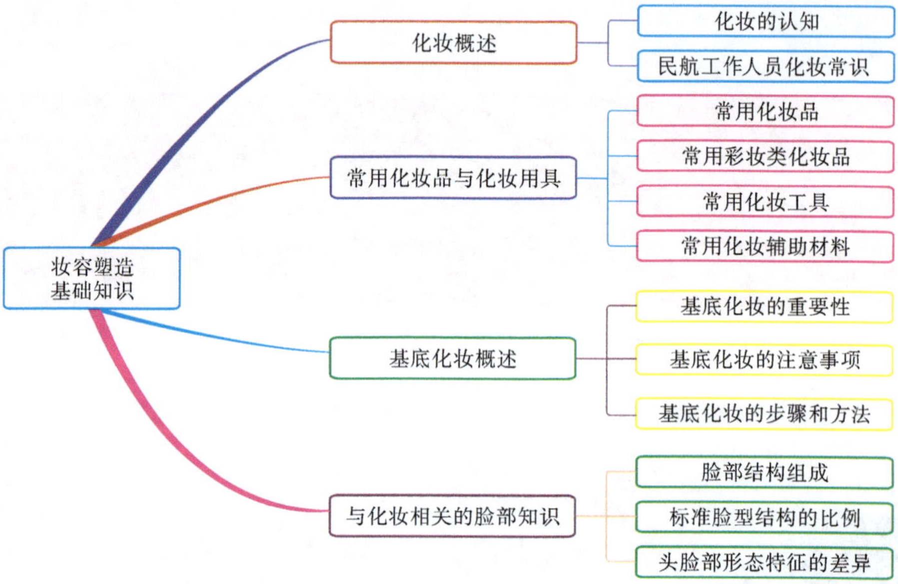

妆容塑造
基础知识
化妆概述
化妆的认知
民航工作人员化妆常识
常用化妆品与化妆用具
常用化妆品
常用彩妆类化妆品
常用化妆工具
常用化妆辅助材料
基底化妆概述
基底化妆的重要性
基底化妆的注意事项
基底化妆的步骤和方法
与化妆相关的脸部知识
脸部结构组成
标准脸型结构的比例
头脸部形态特征的差异

任务一

化妆概述

知识点

1. 化妆的概念、作用与目的
2. 化妆的特点、原则与注意事项

技能点

1. 掌握化妆的概念、作用与目的
2. 熟悉化妆的特点、原则与注意事项

化妆是形象塑造最重要的手段，从某种程度上说化妆成功了，形象塑造工作便完成了一大半。本任务在对化妆基础知识进行具体介绍的基础上，阐述了民航工作人员化妆常识。

任务思维导图

化妆概述
化妆的认知
化妆的概念
化妆的作用
美化容颜
保护皮肤
矫正缺陷
增强自信
化妆的目的
社会交往的需要
职业活动的需要
日常生活的需要
化妆的特点
因人而异
因地而异
因时而异
化妆的原则
自然、真实的原则
扬长避短的原则
整体格调统一协调的原则
化妆的注意事项
具备一定的审美鉴赏能力
正确选购化妆品
合理运用色彩
掌握化妆的技巧
民航工作人员化妆常识
民航工作人员化妆要求
民航工作人员化妆规则
民航工作人员化妆注意事项
化妆准备
化妆注意事项
妆面检查
民航工作人员常用的化妆类型
女性民航工作人员化妆
男性民航工作人员化妆

一、化妆的认知

（一）化妆的概念

化妆是运用化妆品和工具，采取合乎规则的步骤和技巧，对人的面部、五官及其他部位进行渲染、描画、整理，增强立体感，调整脸形与面色，掩饰缺陷，表现神采，从而达到美化容颜的目的。化妆能表现出个体独有的天然丽质，焕发风韵，增添魅力。成功的化妆能唤起个体心理和生理上的潜在活力，增强自信心，使人精神焕发，还有助于消除疲劳、延缓衰老。

（二）化妆的作用

1. 美化容颜

人们化妆的直接目的就是美化自己的容颜。人们通过化妆可调整面部皮肤的颜色，改善皮肤的质感，还可以使面部五官更加生动，如描画眉毛可改善眉毛的形态，晕染眼影可使眼睛显得明亮动人，涂抹腮红可使面色显得更加健康等。

2. 保护皮肤

化妆不仅能使人容颜美丽，还可以保护皮肤。例如，防晒霜或粉底可使皮肤避免被阳光过度照射而受到刺激；面霜可滋润皮肤，使之柔软，增强弹性；爽肤水具有清洁皮肤和补水的作用，可使皮肤保持水润。

3. 矫正缺陷

世界上没有绝对完美的人，即使天生丽质，也会存在些许不足之处，而使用化妆手段来弥补或矫正面部缺陷正是化妆的主要作用之一。

人们在生活中往往会有这样的愿望：如果眼睛再大一点就好了，如果脸看起来小一些就完美了，如果皮肤没有雀斑该多好……这都说明人们对美有着无穷无尽的追求。人们无法选择自己的先天容貌，但后天的修饰可以弥补先天的不足，使自己变得更加漂亮。化妆可通过对“形”与“色”的巧妙运用，达到弥补面部缺陷的目的，如通过化妆可使扁塌的鼻梁显得立体、较厚的嘴唇显得薄些、小眼睛显得大而有神等。

4. 增强自信

随着社会交往的日益频繁，化妆在人们的生活中显得越来越重要。日常交往中，化妆可使人更加活泼、生动；职业活动中，化妆成为尊重他人的原则之一；外事活动中，适度的化妆可以使人更好地代表一家企业甚至一个国家的形象。化妆在增加美感的同时，也大大地增强了人们的自信心。

（三）化妆的目的

在人们的心目中，民航工作人员“天生丽质”，不需要化妆就已经拥有一副美丽的容颜，殊不知，化妆不仅是为了使自己变得更加漂亮，还具有更为深层的目的。

1. 社会交往的需要

社会在进步，人们的生活方式也在不断地发生改变，社会交际活动变得频繁。人们可通过正确的化妆与适当的服饰、发型配合，加上良好的修养、优雅的谈吐，使自己更具魅力。

2. 职业活动的需要

如今，化妆已不再局限于舞台，而是进入了人们的职场生活。通过人为的修饰，即便是平凡的相貌也能散发出超凡脱俗的魅力，也能给人以美的享受。

民航工作人员化妆是一种职业规范的要求，职业道德的体现，以及职业活动的需要。

3. 日常生活的需要

化妆不仅能使人的容貌美丽、精神焕发，以愉快的心情投入学习和工作中；而且，在公共场合还能起到尊重他人、促进感情交流、增进友谊的作用。

适度的化妆在美化自己的同时也体现了对他人的尊重，体现了个人的教养和内涵。

（四）化妆的特点

化妆服务于生活，以美化人的形象为根本目的。化妆主要有以下特点。

1. 因人而异

人的容貌是天生的，每个人都有各自的特点。化妆是以个人的基本条件为基础的，个人的基本条件是选择化妆品和化妆技术手法的决定性因素。例如，皮肤较粗糙的人应选用细腻、遮盖力强的粉底，皮肤较黑的人应避免使用浅色的粉底。另外，不同种族的人的面部形态及肤色都不相同，因此在用色和化妆手法上也有很大差异。

化妆还要考虑年龄因素。年轻人的皮肤富有弹性，表面光滑，因此施粉要薄，用色要淡；中年人的皮肤弹性开始下降，而且有细微的皱纹出现，皮肤显得黯淡无光，因此在化妆时要注重技巧，以求遮盖皱纹、改变面色等。

除此之外，性格、气质、职业等都是人们在化妆时需要考虑的因素。

2. 因地而异

化妆必须因地而异，同样的妆容在不同场合和照明条件下其效果有很大不同，有时甚至还会产生相反的效果。例如，在光线很强的自然环境下，化妆用色就不能太白或偏红，眉、眼、面颊等部位的修饰要细致柔和，因为在明亮的光线下容易暴露修饰的痕迹；在环境空旷、光线明亮和有大量浅蓝色反射光线的环境中，如果红色使用过多，妆容就会变成紫色；在晚上，由于室内是灯光照明，化妆用色可以浓重一些，面部各部位的描画可以适当夸张。

由于地域环境的不同，人的皮肤状况和面部特征也不同，人们应根据这些不同特征采用相应的化妆色彩及局部描画的方法，如气候寒冷地区的人所采用的化妆品及化妆技法对气候炎热地区的人来说就不一定适用。

3. 因时而异

由于不同时代的社会风尚和潮流不同，化妆的形式也因此而千变万化。社会风尚对化妆的影响很大，社会潮流的变化往往很快地反映在发型、化妆和服饰上。某个时期的“潮”在另一个时期会被认为是“土”。同时，人们还有着应对不同场合的化妆需求，如结婚的时候需要化新娘妆，参加宴会的时候需要化晚宴妆等。

（五）化妆的原则

若想在工作场合展现完美的一面，就需要在化妆时遵循以下几项原则。

1. 自然、真实的原则

化妆要求自然、真实，在不改变自身特点的基础上进行描画，除舞台艺术刻画角色的需要以外，其他的妆容应以自然、真实、协调、不留痕迹为主要原则，职业妆尤为强调此原则。化妆时要把握好自然这个度，将自己的本色美与修饰美完美地结合，使本色美在修饰美的映衬下更为突出。

2. 扬长避短的原则

化妆一方面要突出面部美的部分，使面部显得更加美丽动人；另一方面要遮盖或矫正缺陷及不足的部分。因此，化妆前，应该对自己的情况进行认真的分析，包括脸型、皮肤特点、五官、头发、身材比例、性格、气质等。

3. 整体格调统一协调的原则

整体格调统一协调的原则在化妆中显得尤为重要。在化妆前，应注意 3 个方面的统一：妆面的设计与发型、服装、配饰的统一，面部妆容与职业、气质、性格的统一，化妆设计与时间、地点、场合的和谐统一。除此之外，在职业妆描画的过程中，还要保持团队间各成员整体形象的协调统一，注意工作中的化妆不应该过分地强调个人的性格特点。

（六）化妆的注意事项

化妆时应注意以下事项。

1. 具备一定的审美鉴赏能力

具备一定的审美鉴赏能力是化好妆的前提。若想具备这种能力，就需要在平时持续学习和积累有关知识，不断观察和揣摩自身特点，仔细观察、体会，逐步激发、挖掘和培养自己的审美能力，并通过实践不断地提高这种能力。

2. 正确选购化妆品

很多人在选购化妆品时会盲目地听从导购或朋友的推荐，有的人甚至认为越贵的化妆品效果越好，最终购买了许多不适合自己的化妆品。在选购化妆品时，需要考虑多种因素，如化妆品是否适合自己的肤色、肤质特点，使用时是否有过敏现象，价位是否在自己能承受的范围内，是否与自己的气质相匹配等。

3. 合理运用色彩

色彩在整个妆面效果中起着举足轻重的作用。若色彩运用及搭配合理，整个妆面就会显得十分干净，整体形象协调、统一；若色彩运用不恰当，整个妆面就会显得凌乱且不协调。

4. 掌握化妆的技巧

要熟练掌握各种化妆的技巧，体会正确、准确、和谐三大要素。化妆的技巧不是短时间就能掌握的，而需要反复地学习、实践和提高。

二、民航工作人员化妆常识

（一）民航工作人员化妆要求

民航工作人员上岗前化妆（职业妆），是为了体现职业的专业性、纪律性，为了展现公司的整体形象，体现对职业的尊重，对客户的尊重。通过化妆，树立职业的归属感，能更好地规范民航工作人员的行为举止。民航工作人员化妆如图 3–1 所示。

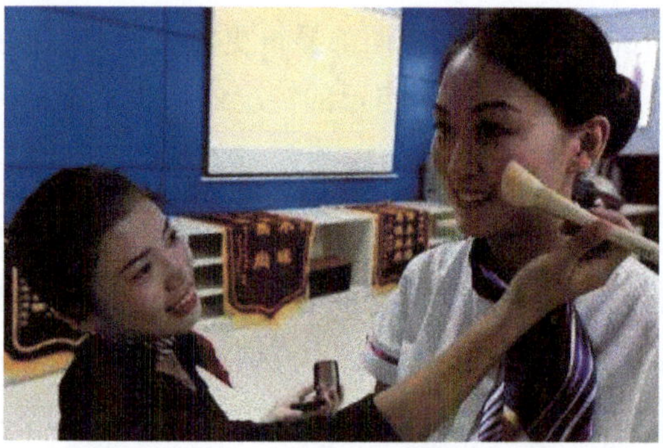

图 3–1 民航工作人员化妆

（1）民航工作人员职业妆的特点：干净、整洁、自然、大方、稳重、高雅，富有亲和力。

（2）化妆的标准：突出职业特征，体现精神面貌，妆容与制服和谐，实现整齐划一的效果。

（3）忌讳：妆面过浓、过艳、过淡、过冷。

（4）男士对发型、面容的修饰，对皮肤的保护，同样需要重视。

（二）民航工作人员化妆规则

民航工作人员的妆面需要有统一的格调，下面介绍一些与民航工作人员化妆相关的规则。

（1）化职业妆以淡妆为主，要求简约、清丽、素雅，具有鲜明的立体感。职业妆既要给人以深刻的印象，又不能显得脂粉气十足，不能浓妆艳抹，总之，要清淡而又传神。

（2）应避免过量地使用芳香型化妆品。通常认为，与他人相处时，自己身上的香味在 1 米以内能被对方闻到，不算是过量。如果在 3 米开外，自己身上的香味依旧能被对方闻到，则属于香水使用过量了。

（3）应当避免当众化妆或补妆，尤其是在工作岗位上，更不可当众化妆，否则是对他人的不尊重。

（4）不要非议他人的化妆效果。由于文化、肤色等方面的差异，以及个人审美观的不同，每个人化妆的效果是不一样的。切不可对他人的化妆效果妄加评论。

（5）民航工作人员之间不要互相借用化妆品，这样既不卫生又不礼貌。

民航工作人员岗前化妆如图 3-2 所示。

图 3-2　民航工作人员岗前化妆

（三）民航工作人员化妆注意事项

1. 化妆准备

一个完美的妆容，妆前的护肤千万不能马虎。一般来说，护肤有以下“三部曲”。

（1）洁肤。洁肤，可使皮肤处于洁净、清爽的状态，令妆面服帖自然，不易脱妆。洁肤一般包括两个步骤，即卸妆和清洁。化妆前的洁肤工作一定要细致认真，一时的疏忽，不仅会影响化妆效果，而且会影响皮肤的健康。

（2）爽肤。爽肤即用化妆水为皮肤补充水分，其目的在于滋润皮肤，调理肌肤酸碱度，减少油脂分泌，防止脱妆。化妆水的选择要根据肤质决定，如油性肤质或毛孔粗大的皮肤，应选择使用收敛性的化妆水，以收缩毛孔、减少油脂分泌，令皮肤显得细腻、光滑。

（3）润肤。润肤是指通过使用润肤霜来滋润和保护皮肤。润肤霜要根据自身的肤质和季节的变化来选择。化妆前的润肤主要有两个目的：一是润肤后的皮肤容易上妆并且不易脱妆；二是润肤霜可在皮肤表层形成保护膜，将皮肤与化妆品隔离，从而达到保护皮肤的目的。润肤霜要具有隔离的作用，才能达到保护皮肤的目的。

清爽干净的皮肤是最好的化妆基础条件，因此，了解自己皮肤的肤质，选择一套适合自己肤质的化妆品十分重要，有针对性地护肤才能达到事半功倍的效果。

2. 化妆注意事项

（1）化妆要与自身特点相结合。

用同样的化妆手法，不同的人显现出来的效果却千差万别，这是因为每个人的脸部轮廓和身材气质都是不一样的，比如我们跟着西方的化妆教程来进行化妆，出来的效果一定是惨不忍睹的。我们应首先了解自己的气质、长相特点，再结合相应的化妆技巧，才能达到满意的效果。

（2）化妆要与季节相适应。

在不同季节，民航工作人员皮肤的状态是不一样的，并且不同妆容带给旅客的观感也是不同的。

①春季妆。

春季妆旨在保持面部滋润，修正面色基调，确保妆面有光泽，妆色鲜亮明快。

②夏季妆。

夏季妆旨在进行皮肤的护理及防晒。

③秋、冬季妆。

化秋、冬季妆时，底色要均衡，例如使用腮红营造健康美，使用亮丽的唇色，同时须注意手部的护理。

3. 妆面检查

民航工作人员处于特定的工作环境中，妆面的检查更应仔细，应注意以下几点。

（1）妆面有无缺漏和“碰坏”的地方，是否整齐干净。

（2）妆面各部分的晕染是否有明显的界线。

（3）眉毛、眼线、唇线及鼻影的描画是否左右对称、浓淡平衡、粗细一致。

（4）眼影色的搭配是否协调，过渡是否自然、柔和。

（5）唇膏的涂抹是否规整，有无外溢和残缺。

（6）腮红的外形和深浅是否一致。

民航工作人员进行妆面检查、修补如图 3-3 所示。

图 3-3　民航工作人员进行妆面检查、修补

（四）民航工作人员常用的化妆类型

民航工作人员的化妆涉及的内容及形式比较多，根据不同的时间、地点、场合，以及所在单位的具体规定等要求，主要以职业妆为主，以日妆、晚妆等常用妆面为辅，同时要求掌握多种美容化妆的形式。

民航工作人员化妆上岗如图 3-4 所示。

图 3-4　民航工作人员化妆上岗

民航工作人员化妆包括女性民航工作人员化妆和男性民航工作人员化妆两大类。

1. 女性民航工作人员化妆

（1）职业妆。

女性民航工作人员职业妆，是适合女性民航工作人员的工作特点与工作环境的一种妆容。

①特点：此类妆型是民航工作人员工作时的妆容，民航工作人员除热情周到地向客户提供服务，与同事和谐相处外，适度的化妆也成为旅客、同事评价其职业能力的内容之一。正确、适度的妆容，会使人感到赏心悦目。而这种妆容往往要求比较严格，稍显浓重，会给人难以接近的感觉，反之会让人觉得不够重视与尊重自己。

②化妆要求：妆色效果淡雅、含蓄、自然，给人亲切的感觉。同一职业团队成员的妆容要实现统一、协调的效果。

（2）社交职业妆。

所谓的社交职业妆，是指适合于社交场合的妆容。

①特点：民航工作人员多身处工作场合，除此之外，还涉及其他的与职业相关的社交场合，有些场合较为正式，故化社交职业妆也应遵循一定的原则。民航工作人员职业妆的光线、环境相对单一，而社交场合的职业妆的环境相对多样一些。所以在化社交职业妆时，要求妆面效果要符合不同的社交场合，其较民航工作人员职业妆更为灵活。

②化妆要求：社交职业妆的妆面色彩较职业妆的妆面略亮丽一些，融合了俏丽与端庄的特点，同时要注意妆面的持久性。

2. 男性民航工作人员化妆

提到化妆，人们往往只会与女性联系在一起，而随着人们生活水平的日益提高，越来越多的男士对自己的仪容开始注重起来。当面对一些皮肤问题或一些特殊场合时，适当化妆能使男士魅力倍增。

（1）男性民航工作人员化妆的基本原则。

男性民航工作人员化妆的重点在于清洁、自然，以体现自己的特点为宜。

（2）男性民航工作人员化妆的要领。

①注重修饰脸上的皮肤。多数男性的皮肤比较粗糙，并且常常肤色发暗，有色斑和较多

的皱纹。可以选用一种比肤色暗两度的粉底涂在脸部，这样既可以改善肤色、肤质，也可以突出脸部的立体感。

②好的眉型可以大大提升男性的风采。男性绝不要拔眉，而要在原有的眉毛上进行修饰。对眼部不应做过多的修饰，适当用眼线修饰即可，力求自然、协调，体现自身的五官特点与气质。挺直的鼻梁可以彰显男子气概，可以用阴影对轮廓进行加深。

③许多男性的唇色较暗或没有血色，可以适当涂抹唇膏。对于唇膏颜色的选择要格外慎重，一定要选择和自己的唇色及肤色相配的颜色，不要勾画唇线，薄薄地涂一层唇膏后，要用化妆纸按去唇上多余的颜色，使唇色自然、柔和。

男性职业妆与女性职业妆有所不同，男性民航工作人员的化妆应注重改善气色，体现肤质的健康、妆容的统一，既能体现男性的阳刚，又能体现与职业相匹配的亲和力。化妆时应注意正确地使用化妆品，掌握较高的化妆技能，不适当的妆容可能会使男性民航工作人员脂粉味过重。

男性民航工作人员化妆上岗如图 3–5 所示。

图 3–5　男性民航工作人员化妆上岗

【任务实训】设计民航工作人员职业妆

【实训目标】

（1）能够通过教师讲解、案例讨论，掌握相应知识点。

（2）开展团队合作，发挥每一个团队成员的能力，通过学习小组讨论、分析、评价的方法，对讨论的问题进行记录和小结。

（3）能够形成初步的独立思考能力。

（4）能够培养初步的自主学习能力

【实训内容与要求】

（1）由教师介绍实训的目的、方式、要求，调动学生实训的积极性。

（2）由教师布置模拟实训题目——进行化民航工作人员职业妆直播。

（3）由教师介绍职业妆的相关知识。

（4）各小组对教师布置的问题进行讨论，拍摄实训照片和视频并记录小组成员的发言。

（5）根据小组讨论记录，撰写讨论小结。

（6）各小组相互评议，教师点评、总结

续表

【实训成果与检测】 成果要求： （1）提交案例讨论记录：3～5 名学生为一组，设组长 1 人、记录员 1 人，每组必须有小组讨论、工作分工的详细记录，以作为考核成绩的依据。 （2）能够在规定的时间内完成相关的讨论和实操，撰写小结。 评价标准： （1）上课时积极与老师配合，积极思考、发言。 （2）认真阅读案例，积极参加小组讨论，分析问题思路较宽。案例分析基本完整，能结合所学理论知识解答问题。 （3）积极参与小组活动，与团队成员协调配合

任务二

常用化妆品与化妆用具

知识点

1. 常用化妆品及常用彩妆类化妆品
2. 常用化妆工具
3. 常用化妆辅助材料

技能点

1. 辨识常用化妆品及常用彩妆类化妆品
2. 辨识常用化妆工具及常用化妆辅助材料

在开始学习化妆技巧前，必须对常用化妆品与化妆工具有全面、系统的了解，只有对各种化妆品和化妆工具了如指掌，才能在实际化妆过程中运用自如。

任务思维导图

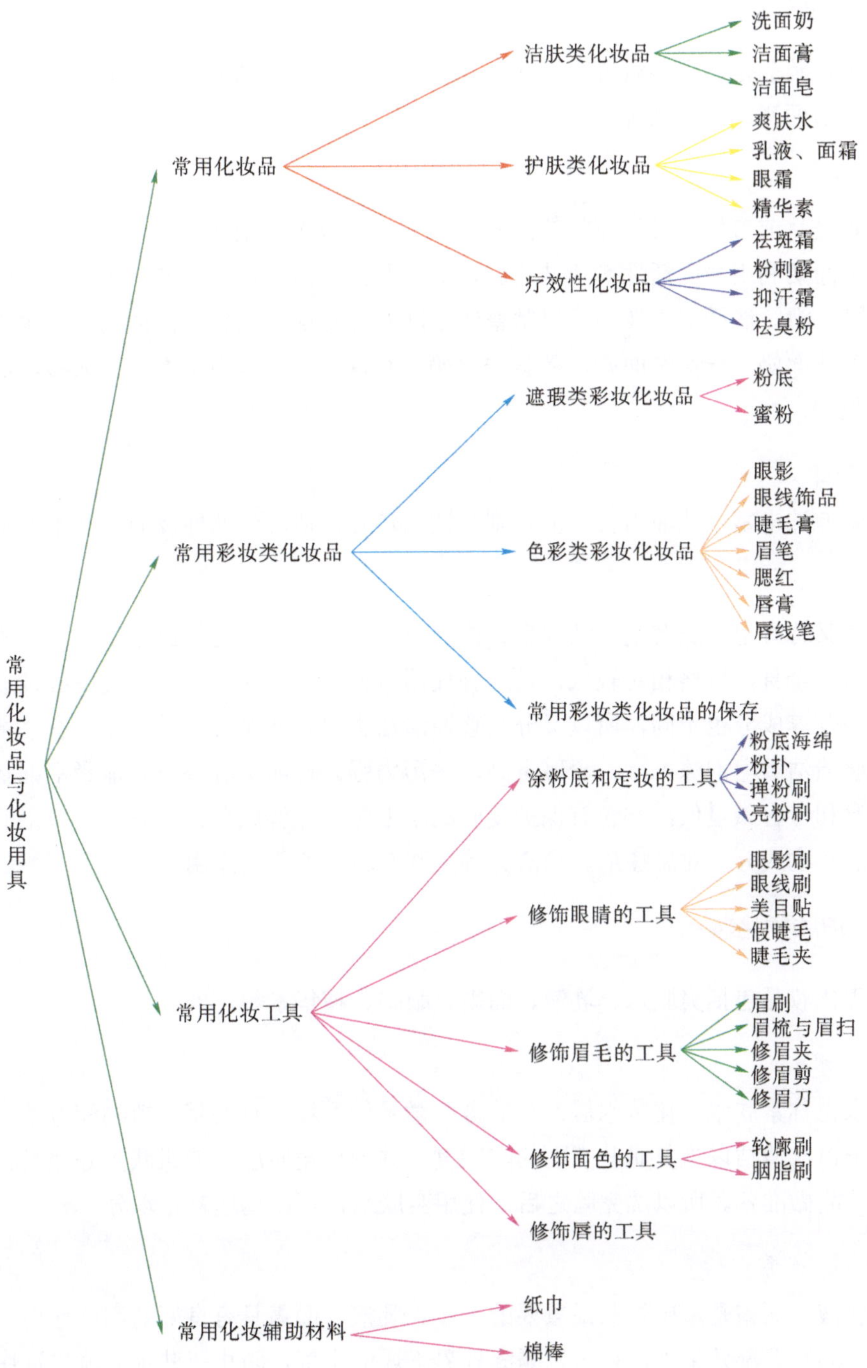
常用化妆品与化妆用具
常用化妆品
洁肤类化妆品
洗面奶
洁面膏
洁面皂
护肤类化妆品
爽肤水
乳液、面霜
眼霜
精华素
疗效性化妆品
祛斑霜
粉刺露
抑汗霜
祛臭粉
常用彩妆类化妆品
遮瑕类彩妆化妆品
粉底
蜜粉
色彩类彩妆化妆品
眼影
眼线饰品
睫毛膏
眉笔
腮红
唇膏
唇线笔
常用彩妆类化妆品的保存
常用化妆工具
涂粉底和定妆的工具
粉底海绵
粉扑
掸粉刷
亮粉刷
修饰眼睛的工具
眼影刷
眼线刷
美目贴
假睫毛
睫毛夹
修饰眉毛的工具
眉刷
眉梳与眉扫
修眉夹
修眉剪
修眉刀
修饰面色的工具
轮廓刷
胭脂刷
修饰唇的工具
常用化妆辅助材料
纸巾
棉棒

一、常用化妆品

（一）洁肤类化妆品

洁肤类化妆品是用于溶解并去除化妆品、油脂及污垢的洁肤护理用品。洁肤类化妆品包括洗面奶、洁面膏、洁面皂等。

1. 洗面奶

洗面奶是目前市场上最为流行的洁肤用品，品种繁多，是一种不含碱性或含弱碱性的液体软皂。洗面奶利用表面活性剂清洁皮肤，对皮肤无刺激并可在皮肤上留下一层滋润的膜，使皮肤细腻光滑。洗面奶主要用于日常普通洁肤及卸除面部淡妆。洗面奶从作用上分，有收敛型的青瓜洗面奶、柠檬洗面奶、芦荟洗面奶；有营养型的蛋白洗面奶、人参洗面奶、维生素 E 洗面奶等。

2. 洁面膏

洁面膏泡沫丰富，洗净力强，但其刺激性也较强，适用于油性及混合性不敏感的肌肤。

3. 洁面皂

洁面皂又称香皂、美容皂、洁肤皂、滋养皂，其特点是质地细腻紧密，泡沫丰富，去污力强，可用于全身，价格相对较低，是一种使用方便的洁肤品。由于香皂中各种成分含量不同，添加的营养成分也不同，所以又分为普通清洁香皂、透明美容香皂和具有杀菌效果的护肤皂。普通清洁香皂泡沫丰富，含碱量高，去污力强。透明美容香皂质地紧密细腻，比普通清洁香皂温和，含碱量低，并含有保护皮肤的羊毛脂及保湿成分。具有杀菌效果的护肤皂含有能杀菌的药物成分，对患痤疮、酒渣鼻等皮肤有较好的杀菌作用。

（二）护肤类化妆品

护肤类化妆品包括爽肤水、乳液、面霜、眼霜、精华素等。

1. 爽肤水

爽肤水也称紧肤水、化妆水等，有的含有微量的酒精，有的是纯植物配方的。爽肤水的作用就在于再次清洁以恢复肌肤表面的酸碱度，并调理角质层，使肌肤更好地吸收水分，并为使用保养品做准备。所以洗完脸之后，使用爽肤水，可以迅速补充水分。

2. 乳液、面霜

使用乳液、面霜是基础护肤最重要的一步。乳液、面霜具有良好的润肤作用，也有保湿效果，除了润肤保湿效果外，还可以隔离外界干燥的空气，防止肌肤水分流失过快，避免肌肤干裂、起皮。

3. 眼霜

眼霜可用来保护眼睛周围比较薄的这一层皮肤。眼霜对去除眼袋、黑眼圈、鱼尾纹等有一定的效用，但是不同种类的眼霜有不同的作用。眼霜的种类很多，从类型上大致可分为眼膜、眼胶、眼部啫喱、眼贴等；从功能上可分为滋润眼霜、紧致眼霜、抗皱眼霜、抗敏眼霜等。

4. 精华素

精华素含有微量元素、胶原蛋白等营养成分，具有防衰老、抗皱、保湿、美白等作用。精华素分水剂和油剂两种。

（三）疗效性化妆品

疗效性化妆品包括祛斑霜、粉刺露、抑汗霜、祛臭粉等。

1. 祛斑霜

祛斑霜可抑制黑色素的形成，改善皮肤色斑状态，使色斑的颜色变浅，面积变小。

2. 粉刺露

粉刺露（液、霜）是用于抑制粉刺及痤疮的化妆品，它可使角化细胞的凝聚作用降低、黑头松动，具有杀菌消炎、使皮肤恢复健康的作用。

3. 抑汗霜

抑汗霜（液、粉）是用于汗腺分泌过于旺盛皮肤部位的化妆品，有较强的收敛作用。抑汗霜可使皮肤表面的蛋白质凝结、汗腺口膨胀，阻止汗液排泄，减少汗液的分泌量。

4. 祛臭粉

祛臭粉（霜、液）具有杀菌和抑制细菌繁殖的作用，可用于由分泌引起的体臭部位，有较强的收敛作用。

二、常用彩妆类化妆品

常用彩妆类化妆品大体可分为两类：一类是遮瑕类彩妆品，用于化妆前调和肤色与肤质，可以起到遮盖瑕疵、调整肤色的作用，如粉底、蜜粉等；另一类是色彩类彩妆品，用于修饰五官轮廓，使人的形象更加生动，如唇膏、眼影、腮红、眉笔、唇线笔等。

（一）遮瑕类彩妆化妆品

1. 粉底

粉底是一种能够增强面部立体感的化妆品，具有很强的修饰性，主要用于打底和修饰肌肤，可以调整肤色，改善肤质，遮盖皮肤瑕疵。

粉底的基本成分是油脂、水分和颜料。油脂和水分可以使皮肤滋润、柔软，并具有一定的弹性；颜料的多少则决定了粉底颜色的深浅。根据粉底所含油脂和水分比例的不同，可以将其分为不同的种类。

1）乳液粉底

乳液粉底（见图 3-6）的油脂含量少，水分含量较多，易涂抹，但遮盖力弱，适用于干性皮肤和化淡妆情形，可分为液体型粉底和湿粉型粉底。

使用方法：可用手直接涂抹或用微湿的海绵蘸涂，也可用小号刷子涂抹。

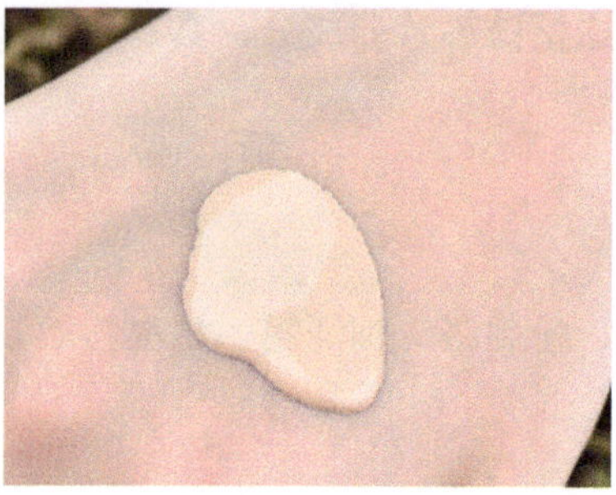

图 3-6　乳液粉底

2）膏状粉底

膏状粉底（见图 3-7）的油脂含量较多，具有较强的遮盖力，可以使皮肤富有光泽和弹性，适用于面部瑕疵过多的情况。

使用方法：可用微湿的海绵涂抹。

图 3-7　膏状粉底

3）遮瑕膏

遮瑕膏（见图 3-8）是一种特殊的粉底，其成分与膏状粉底相似，质地较干，遮盖力强，适用于局部有瑕疵的皮肤，如斑点、痘印、毛孔粗大、眼袋、黑眼圈等。

使用方法：可直接涂抹，再用手指抹匀或用微湿的海绵涂匀。

图 3-8　遮瑕膏

4）抑制色

抑制色（见图 3–9）具有抑制效果，如常用绿色的抑制色来遮盖偏红及有红血丝的皮肤，用紫色的抑制色来遮盖偏黄的肤色等。

使用方法：可用微湿的海绵涂抹。

图 3–9　抑制色

2. 蜜粉

蜜粉（见图 3–10）又称散粉或碎粉，通常用于定妆。蜜粉一般在涂完粉底后使用，可使皮肤与粉底结合得更为紧密，并能调和粉底的光亮度，防止脱妆，使肤色健康、红润且更为自然。在选择蜜粉时，一般应选择与粉底色接近的色系的蜜粉，粉质要细腻、顺滑、附着性好。

使用方法：先用粉扑将蜜粉拍按在皮肤上，再用掸粉刷掸掉浮粉。

图 3–10　蜜粉

（二）色彩类彩妆化妆品

1. 眼影

眼影用于对眼部周围的化妆，通过色与影的配合使眼部具有立体感。眼影有粉末状、棒状、膏状、乳液状和铅笔状之分。眼影的颜色十分丰富，其首要作用是赋予眼部立体感，并透过色彩的张力，让整个脸庞妩媚动人。常用的眼影可分为眼影粉、眼影膏和眼影笔三种。

1）眼影粉

眼影粉（见图 3–11）呈粉块状，粉末细致，色彩丰富，使用方便，可分为珠光和亚光两种。

使用方法：用眼影刷蘸眼影粉对眼睑进行晕染。

图 3-11　眼影粉

2）眼影膏

眼影膏（见图 3-12）由油脂、蜡和颜料等制成。眼影膏的色泽鲜亮，涂后滋润有光泽，不易干。

使用方法：在涂完粉底后，于定妆前用手指涂抹于眼睑。

图 3-12　眼影膏

3）眼影笔

眼影笔（见图 3-13）的笔芯较软，其外观与蜡笔相似。

使用方法：在定妆前直接涂抹，再用手指或眼影刷进行晕染。

图 3-13　眼影笔

2. 眼线饰品

眼线饰品是描画眼线所用的化妆品，用于调整和修饰眼部，使眼部轮廓更鲜明、更富有神采。描画眼线的产品种类较多，主要有眼线液、眼线墨（膏）、眼线笔等。

1）眼线液

眼线液（见图 3-14）呈半流动状，并配有细小的毛刷。眼线液的上色效果好，但操作难度较大。

使用方法：用毛刷蘸眼线液后，沿睫毛根部进行描画。

图 3-14　眼线液

2）眼线墨（膏）

眼线墨（膏）（见图 3-15）呈块状，晕染层次感强，上色效果好，不易脱妆，可以表现珠光、亚光、金属光泽等不同的质地效果，其比眼线液还要长久、自然，是最长效的眼线产品。

使用方法：用细小的化妆刷蘸水后，蘸取眼线墨（膏），再沿着睫毛根部涂刷。

图 3-15　眼线墨（膏）

3）眼线笔

眼线笔（见图 3-16）的外形类似铅笔。可使用特制的卷笔刀或小刀去除多余的木质部分并调整笔头的粗细。眼线笔笔芯质地柔软，易于描画，效果自然。

使用方法：眼线应该画在睫毛根部，完成眼线后，用棉棒轻轻晕开，使之呈现模糊感，使眼部看起来便更显自然、更加迷人。

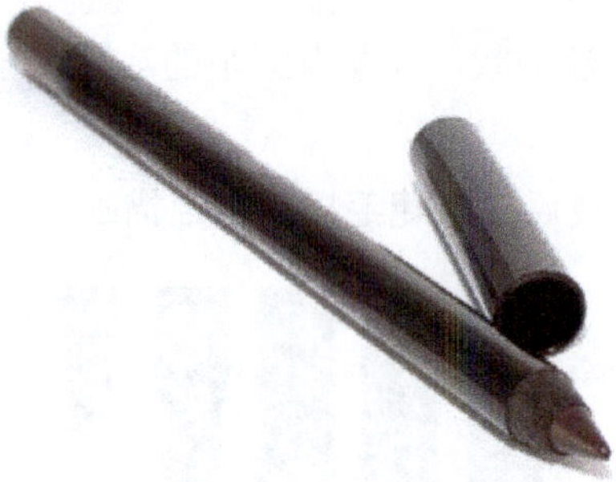

图 3-16　眼线笔

3. 睫毛膏

睫毛膏（见图 3-17）是用于修饰睫毛的化妆品，目的在于使睫毛浓密、纤长、卷翘，以及加深睫毛的颜色。睫毛膏的种类丰富，可分为无色睫毛膏、彩色睫毛膏、加长睫毛膏等多种类型。

使用方法：用睫毛刷蘸取睫毛膏后，从睫毛根部向外涂刷，待睫毛膏完全干后再眨动眼睛，以免弄脏眼部皮肤和破坏妆面。粘在一起的睫毛很难看，如果粘在一起，可以用睫毛刷把它们刷开。

图 3-17　睫毛膏

4. 眉笔

眉笔（见图 3-18）是描画眉毛的工具，呈铅笔状或扭管状，其笔芯质地较眼线笔的笔芯硬。眉笔颜色有黑色、棕色和灰色等。

使用方法：在眉毛上描画，注意力度要均匀，按照眉势循序渐进地描画，要自然、柔和，以体现出眉毛的质感。

图 3-18　眉笔

5. 腮红

腮红是用来修饰面颊的彩妆品。腮红可以矫正脸型，突出面部轮廓，统一面部色调，使肤色更加健康、红润。腮红主要有粉状腮红和膏状腮红两种，而以粉状腮红较为常用。

1）粉状腮红

粉状腮红（见图 3-19）外观呈块状，含油量少，色泽鲜艳，使用方便。粉状腮红的适用面广，专业化妆师常用。

使用方法：在定妆之后用化妆刷将粉状腮红涂于颧骨附近。

图 3-19　粉状腮红

2）膏状腮红

膏状腮红（见图 3-20）的外观与膏状粉底相似，可使面颊的颜色自然、有光泽，适合干性皮肤者、皮肤衰老者和透明妆需要者。

使用方法：在定妆之前用手指涂抹均匀。

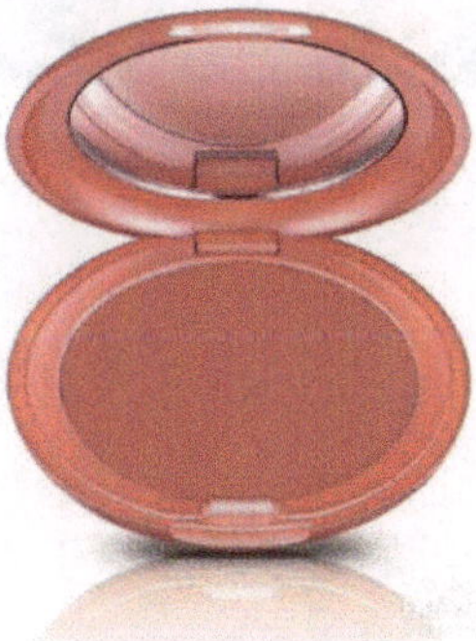

图 3-20　膏状腮红

6. 唇膏

唇膏是所有彩妆品中颜色最丰富的一种。唇膏能加强唇部色彩及立体感，具有改善唇色，调整、滋润及营养唇部的作用。唇膏按其性状可分为棒状唇膏和软膏状唇膏两种。另外，唇膏还包括唇彩。

1）棒状唇膏

棒状唇膏（见图 3–21）易于携带，生活中较为常用。

使用方法：在专业化妆中，棒状唇膏需要用唇刷蘸取，在唇线内均匀涂抹，或者直接涂抹于唇部。

图 3–21　棒状唇膏

2）软膏状唇膏

软膏状唇膏（见图 3–22）可以随意进行颜色调配，是专业化妆的首选。

使用方法：用唇刷蘸取唇膏，在唇线内均匀涂抹。

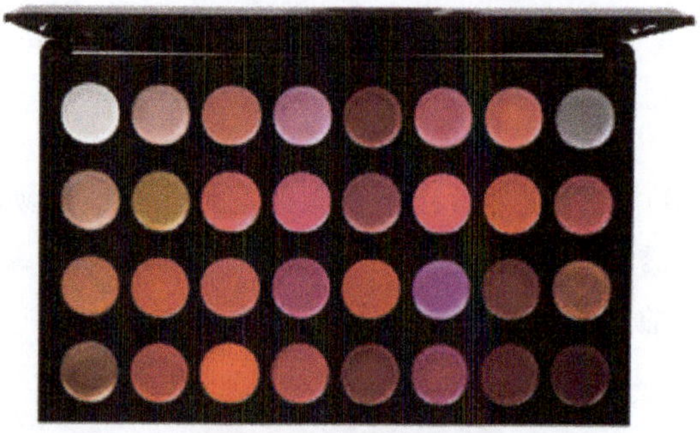

图 3–22　软膏状唇膏

3）唇彩

唇彩（见图 3–23）呈黏稠液状，富含各类高度滋润油脂和闪光因子，质地细腻，光泽柔和，颜色自然，滋润感强。

使用方法：一般可用唇彩内自带毛刷蘸取唇彩涂于唇上。

图 3-23　唇彩

7. 唇线笔

唇线笔（见图 3-24）外形似铅笔，笔芯质地较软，可用于描画唇部的轮廓线。唇线笔配合唇膏使用，可以增强唇部的色彩和立体感。唇线笔的颜色与唇膏的颜色应属同一色系，且略深于唇膏的颜色，以使唇线与唇色协调。

使用方法：根据唇部情况用唇线笔描画出理想的唇部轮廓。

图 3-24　唇线笔

（三）常用彩妆类化妆品的保存

化妆品的质量直接关系到皮肤的健康水平，保存方式不当可导致化妆品被污染或变质。因此，做好彩妆类化妆品的保存不但能延长彩妆类化妆品的使用寿命，更是对皮肤的健康负责。

彩妆类化妆品要放置在避光处，用后一定要把瓶口擦拭干净再拧紧，粉底液等瓶装产品不可放倒或倒置。无论是使用中或是未拆封的彩妆类化妆品，都应放置在常温、干燥、避免日晒的地方。

长时间不用的彩妆类化妆品，可用 75%的酒精将瓶口及瓶盖擦拭干净后存放于阴凉干燥处。唇膏、眼影等直接接触皮肤或使用时大面积暴露在空气中的产品，须刮去已使用过的层面，再盖紧包装后置于阴凉干燥处。

【任务实训】常用化妆品认知训练

训练名称	常用化妆品认知		
小组名称		组长	
组员			
实训时间	年　　月　　日一　　　年　　月　　日		
常用化妆品认知情况			

三、常用化妆工具

（一）涂粉底和定妆的工具

涂粉底和定妆的工具包括各种形状的粉底海绵、粉扑、掸粉刷（圆头刷、扇形刷）、亮粉刷等。

1. 粉底海绵

粉底海绵（见图 3-25）质地柔软，容易控制，上粉均匀、服帖。

使用方法：先将海绵浸湿，再挤出多余水分，呈潮湿状，然后蘸粉底在皮肤上均匀涂抹。

图 3-25 粉底海绵

2. 粉扑

在扑按定妆粉时，粉扑（见图 3-26）可代替手指直接接触面部，以免破坏妆面。

使用方法：用两个粉扑蘸取适量妆粉后相对揉擦，再将散粉扑按在皮肤上，可将粉扑套在手指上来使用。

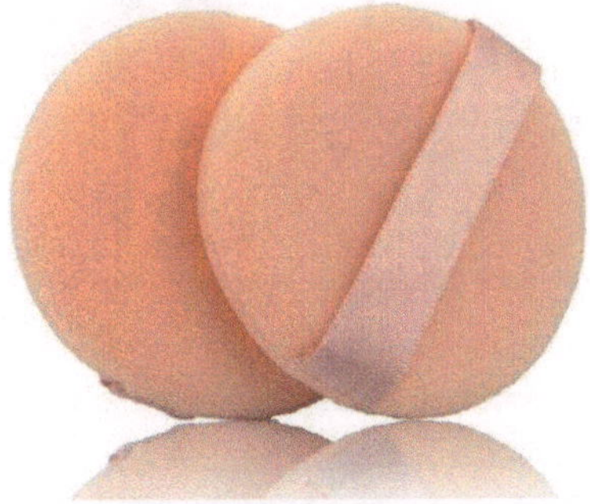

图 3-26 粉扑

3. 掸粉刷

掸粉刷（见图 3-27）能扫去脸上多余的浮粉，并完整地保留粉底的原有质地。掸粉刷操作灵活，刷出的底妆薄厚均匀，比用粉扑更柔和、更自然。掸粉刷的使用寿命长，易于清洗和保养。

图 3-27　掸粉刷

使用方法：在定妆后用圆头刷的侧面轻轻将浮粉掸去，扇形刷用于掸去下眼睑、嘴角等细小部位的浮粉。切记使用的时候不要用毛尖儿的部分直接戳在脸上，而是用粉刷毛的侧面，轻轻地扫在脸上。

4. 亮粉刷

亮粉刷（见图 3-28）可用于在需要突出的部位涂抹亮色化妆粉，以增强面部的立体感。

使用方法：用亮粉刷将白色或明亮的米白色化妆粉涂于需要提亮的部位。

图 3-28　亮粉刷

（二）修饰眼睛的工具

眼睛是心灵的窗户，这决定了眼部的修饰是化妆与形象塑造的重点。修饰眼睛的工具包括眼影刷、眼线刷、美目贴、假睫毛、睫毛夹等。

1. 眼影刷

眼影刷有两种，一种是毛质眼影刷（见图 3-29），另一种是海绵棒状眼影刷（见图 3-30），两者均可用于晕染眼影，增强眼睛的立体感。两者的不同之处在于海绵棒状眼影刷晕染比毛质眼影刷晕染的力度大、上色多。

使用方法：蘸取眼影粉在上、下眼睑处进行晕染，也可用于塑造鼻部阴影。

图 3-29　毛质眼影刷

图 3-30　海绵棒状眼影刷

2. 眼线刷

眼线刷（见图 3-31）用于描画眼线，增加眼睛的神采，使眼线笔勾画出来的浓重或生硬的线条变得柔和自然。眼线刷用于化妆的后期调整。

使用方法：蘸取眼线墨（膏）在睫毛根部进行描画。

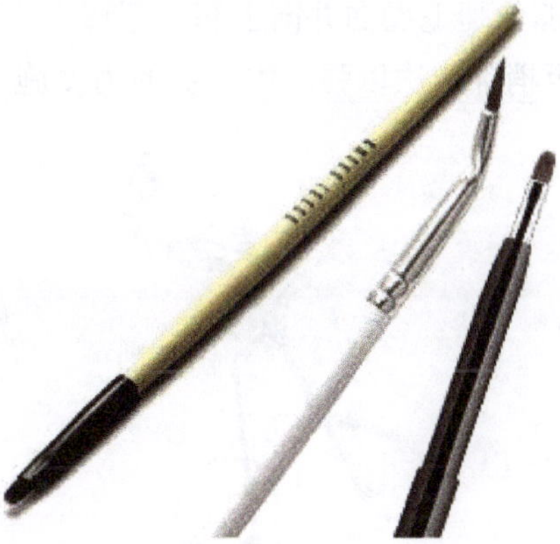

图 3-31　眼线刷

3. 美目贴

美目贴（见图 3-32）可改变眼睑的宽度，矫正下垂、松弛的上眼睑，塑造理想的眼型。

使用方法：根据自己需要，将美目贴剪成弧形，贴于眼睑的适当部位。

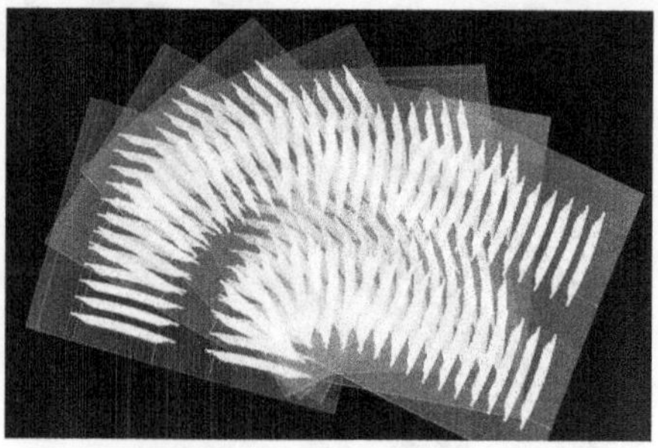

图 3-32　美目贴

4. 假睫毛

假睫毛（见图 3-33）可增加睫毛的浓度和长度，使眼睛更深邃有神。

使用方法：用专用胶水将假睫毛固定在睫毛根部。

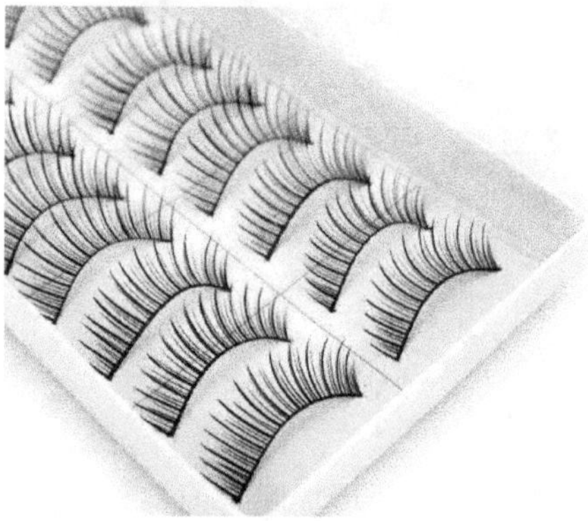

图 3-33　假睫毛

5. 睫毛夹

睫毛夹（见图 3-34）能够使睫毛卷曲并向上翘，塑造弧度。

使用方法：由睫毛根部至梢部依次以强、中、弱的力度施力，将睫毛夹翘。

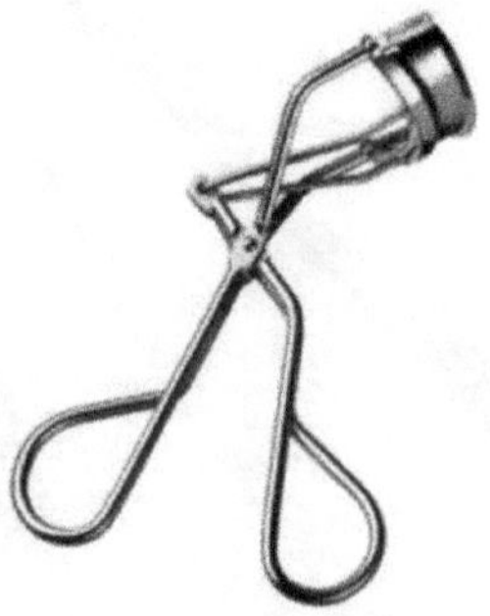

图 3-34　睫毛夹

（三）修饰眉毛的工具

眉毛就像眼睛的“画框”，能够表现脸部的表情，增加脸部的平衡感，凸显眼睛的美感。修眉是画眉的基础，而修眉需要用到修饰眉毛的工具。修饰眉毛的工具主要有眉刷、眉梳与眉扫、修眉夹、修眉剪、修眉刀等。

1. 眉刷

眉刷（见图 3–35）的刷头呈斜面，毛质较眼影刷略硬。

使用方法：用眉刷蘸取眉粉在眉毛上轻扫，以加深眉色。

图 3–35 眉刷

2. 眉梳与眉扫

眉梳与眉扫（见图 3–36）各具特点，眉梳的梳齿细密，可梳理眉毛；眉扫可整理眉毛，扫掉眉毛上的毛屑，其类似牙刷，毛质粗硬。

使用方法：用眉梳按眉毛生长方向梳顺，用眉扫轻扫并整理眉毛。

图 3–36 眉梳与眉扫

3. 修眉夹

修眉夹（见图 3–37）因前端呈斜角，所以连细毛及短毛也能夹得住。

使用方法：用修眉夹夹住眉毛，顺着眉毛的生长方向一根一根地拔除。

图 3–37 修眉夹

4. 修眉剪

修眉剪（见图 3–38）有弯头和直头两种，在剪去多余眉毛的同时，能够更加自如地修整眉毛的形状。

使用方法：用修眉剪剪掉多余的眉毛。

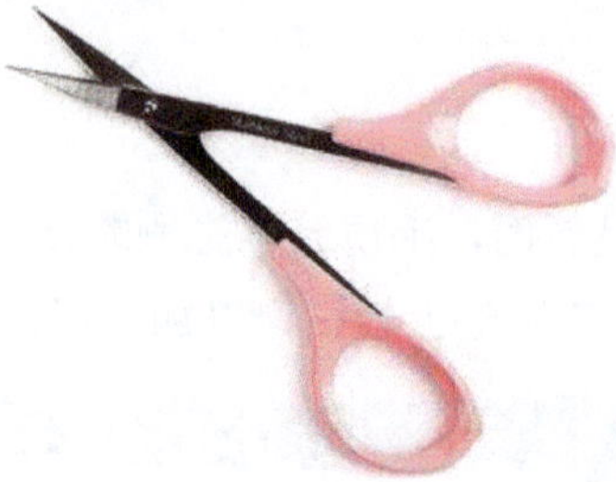

图 3–38　修眉剪

5. 修眉刀

修眉刀（见图 3–39）可用于修正眉部轮廓，使眉部轮廓边缘整齐。

使用方法：修眉前应湿润皮肤，可涂抹芦荟胶于修剪处，使修眉刀与皮肤表面成 45°，以刮掉多余的眉毛。

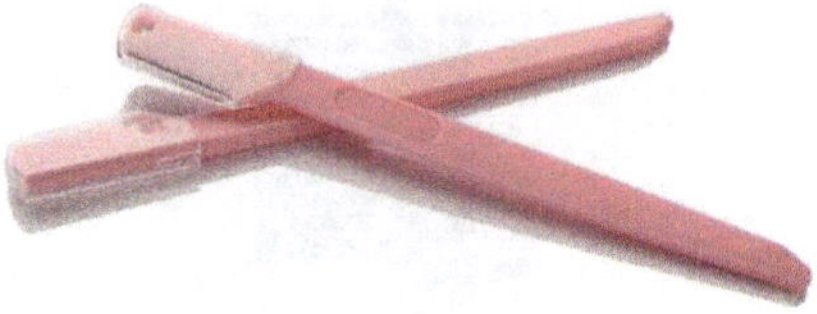

图 3–39　修眉刀

（四）修饰面色的工具

轮廓刷和胭脂刷是用于修饰面色的主要工具。

1. 轮廓刷

轮廓刷（见图 3–40）用于面部外轮廓的修饰，刷毛较长且触感轻柔，顶端呈椭圆形，用来塑造脸部的阴影，使脸部轮廓线条更清晰。

使用方法：用轮廓刷蘸取阴影色，涂抹于外部轮廓或在需化出凹陷感的部位进行涂刷。

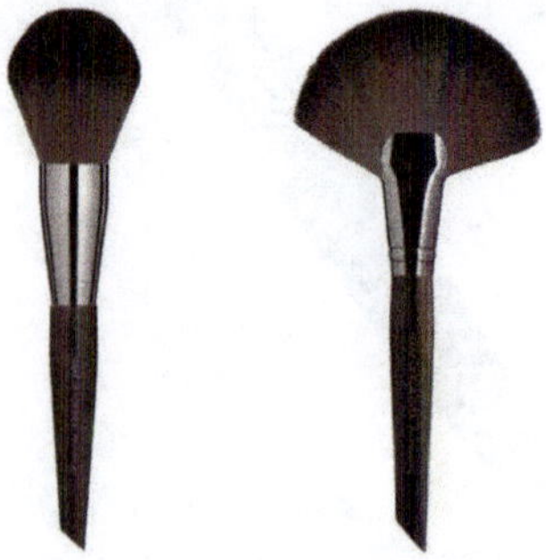

图 3–40　轮廓刷

2. 胭脂刷

胭脂刷（见图 3–41）是晕染腮红的工具，刷毛多而柔软，富有弹性，前端呈圆弧状。

使用方法：用胭脂刷蘸取粉状腮红，由鬓角处沿颧骨向面颊轻扫。

图 3–41　胭脂刷

（五）修饰唇的工具

常用的修饰唇的工具为唇刷（见图 3–42）。修饰唇时，最好选择顶端刷毛较平的唇刷，这种形状的刷子有一定的宽度，刷毛较硬但有一定的弹性，既可以用来描画唇线，又可以用来涂抹全唇，可以使唇线轮廓清晰，唇膏色泽均匀。

图 3–42　唇刷

四、常用化妆辅助材料

常用的化妆辅助材料有纸巾、棉棒等，它们主要用于吸收面部油脂及擦拭妆面等。

1. 纸巾

纸巾通常用于净手、擦笔、吸汗及吸去面部多余的油脂，或用于卸妆等。化妆时应选择质地柔软、吸附性强的纸巾。

2. 棉棒

棉棒是化妆时擦净细小部位最理想的用具，在涂眼影、睫毛液等化妆品时，常常会因不小心或技术不熟练而弄脏妆面，这时用棉棒进行擦拭可以得到很好的效果。

【任务实训】常用化妆工具认知训练

<table>
<tr><td>训练名称</td><td colspan="3">常用化妆工具认知</td></tr>
<tr><td>小组名称</td><td></td><td>组长</td><td></td></tr>
<tr><td>组员</td><td colspan="3"></td></tr>
<tr><td>实训时间</td><td colspan="3">年　　月　　日一　　　年　　月　　日</td></tr>
<tr><td>常用化妆
工具认知情况</td><td colspan="3"></td></tr>
</table>

任务三
基底化妆概述

知识点

1. 基底化妆的重要性
2. 基底化妆的注意事项
3. 基底化妆的步骤和方法

技能点

1. 了解基底化妆的重要性
2. 掌握基底化妆的注意事项、步骤和方法

基底化妆是化妆的基础性工作，此项工作的作用尤如在绘画前，先准备一张“好”纸。在经过遮瑕、“提色”的脸部上进行化妆，才能取得比较好的效果。

任务思维导图

- 基底化妆概述
  - 基底化妆的重要性
  - 基底化妆的注意事项
    - 粉底的颜色要与肤色接近
    - 根据妆型的需要来选择粉底
    - 不同部位选择不同色调的粉底
      - 基础底色
      - 高光色
      - 阴影色
      - 抑制色
      - 颊加强色
      - 遮瑕膏
  - 基底化妆的步骤和方法
    - 化妆前准备
      - 洁肤
      - 护肤
    - 涂粉底
      - 涂抹粉底的要求
      - 涂抹粉底的方式
      - 涂抹粉底的手法
      - 涂抹粉底的顺序
      - 特殊皮肤的粉底涂抹
    - 涂高光色和阴影色
    - 涂定妆粉
      - 定妆粉的分类（根据质量分类）
      - 定妆粉的分类（根据颜色分类）
      - 涂抹定妆粉的步骤
      - 涂抹定妆粉的注意事项

一、基底化妆的重要性

人的面色主要通过涂粉底来完成修饰。人的面部皮肤由于遗传、健康和环境等因素的影响，或多或少会出现一些问题，如面色晦暗、偏黄、有瑕疵或局部有血丝、过红等。人们通过涂抹粉底可以遮盖这些瑕疵，调和肤色，改善面部皮肤质地，使面部显得健康、光洁和细腻。俗话说“一白遮百丑”，可见面色对于容貌的美化十分重要。

二、基底化妆的注意事项

要想涂好粉底，应注意以下几点。

(一) 粉底的颜色要与肤色接近

粉底除需质地细腻、性质温和之外，最重要的是要注意颜色的选择，选择粉底颜色的基本原则是粉底的颜色要与肤色相接近。过白的粉底会给人“假”的感觉，像戴着一个面具，无法产生美感；粉底颜色过深会使皮肤显得黯淡，也得不到好的修饰效果。因此，只有使用与肤色相近的颜色的粉底，才能在美化肤色的同时尽显自然本色。

(二) 根据妆型的需要来选择粉底

除根据肤色选择粉底外，人们还要根据妆型的需要来选择粉底。在自然光下应选择比肤色稍深一些的粉底，这样会使妆面显得自然，不易暴露化妆痕迹。化浓妆时，选择粉底的随意性较强，因为需要浓妆展示的场景允许适度夸张，故可根据化妆造型设计的特殊需要选择粉底。例如，新娘妆原本是浓妆，但为了表现新娘的喜悦与娇羞，常选用淡粉色的粉底。

(三) 不同部位选择不同色调的粉底

人的面部起伏变化，受光程度不同。为了使面部更具立体感，在面部肤色修饰中，不同的部位要选择不同色调的粉底。

1. 基础底色

基础底色具有统一皮肤色调的作用，它可使皮肤外观具有透明感及光泽感。基础底色的选择非常重要，通常选择接近肤色的基础底色，从而表现皮肤的天然质感。

2. 高光色

高光色浅于基础底色，具有让局部产生开阔、鼓凸的作用。高光色主要应用在鼻梁、下眼睑、前额、下颌等需要凸显和提亮的部分。需要注意的是，高光色在分界处要晕染得自然。

3. 阴影色

使用阴影色的目的是制造阴影，阴影色具有收缩、后退和凹陷的作用。利用阴影色可使扁平的面部有立体感，一般用于脸部外轮廓的修饰。需要注意的是，阴影色和底色的分界处要过渡自然。同时，阴影色可作鼻侧影使用，此时应采用部分实施的手法进行晕染。阴影色要比基础底色暗三度或四度，人们可根据肤色的深浅、妆面的浓淡程度来选择深咖啡色或浅咖啡色作为阴影色。

4. 抑制色

抑制色是具有抑制效果的粉底，常用色有紫色、绿色，用于偏黄、偏红的皮肤。抑制色因其特殊作用而独立于其他化妆品之外，应该在施粉底前使用。

（1）觉得肤色不均时，可以使用肤色饰底乳来均匀肤色。

（2）惨白无气色的肌肤，粉红或杏桃色饰底乳可增加脸色红润感。

（3）脸蛋显得泛黄时，蓝或紫色饰底乳是让肌肤白皙透明的最佳选择。

（4）黄色饰底乳具有遮盖黑眼圈或小斑点、痘疤的功效。

（5）痘痘肌或鼻翼两侧，可使用绿色饰底乳来调和泛红的肤色。

5. 颊加强色

颊加强色是腮红的一种，颜色较深，可用于创造健康红润肌肤的颜色。施用少量颊加强色，扑上化妆粉后，脸色会显得更加自然和充满活力。

6. 遮瑕膏

遮瑕膏的质地比普通膏状粉底质感稠密，能将雀斑、暗疮、印痕、红血丝等有瑕疵的部分进行遮盖，使肤色统一、均匀。

三、基底化妆的步骤和方法

（一）化妆前准备

1. 洁肤

洁肤即用洁肤类化妆品清洁皮肤。皮肤在妆前要保持清爽、柔滑的良好状态，才会更容易上妆。

洁肤的一般操作方式为用温水将脸打湿，然后将适量洗面奶（膏）或洁面皂涂于手心，摩擦起沫后，用手指在面部打圈进行清洁，清洁时应逐部位、按顺序进行。一般面部清洁的顺序是：额头—眼周—面颊—下颌—嘴部—鼻部。清洁后，先用纸巾将面部的洗面奶（膏）或洁面皂擦净，然后再用湿纸巾或湿毛巾将面部擦拭干净，再用清水清洗后擦干，以上为理想程序，一般情况下，直接用清水洗净擦干即可。

2. 护肤

护肤即涂抹护肤类化妆品，以保护、滋润皮肤。化妆前的润肤对保护皮肤有着很重要的作用。润肤是指在清洁后的皮肤上涂抹与肤质相适应的营养液和润肤霜，也可在妆前敷用妆前面膜，使皮肤得到滋润，进一步体现健康、润泽的肤质，并使其易于上妆。润肤后涂抹隔离霜，既可以调整肤色，又可以消除化妆品对皮肤的影响，在皮肤和化妆品之间筑起一道安全防线。

（二）涂粉底

粉底是妆容的基础。根据肤色的不同，所选择粉底的颜色也不同，一般可选择比自身肤色暗一个色号的粉底。

1. 涂抹粉底的要求

（1）粉底色要与肤色协调。

（2）粉底的质感要与肤质、季节、妆型等特点协调。

（3）深浅粉底搭配要衔接自然，不能有明显的痕迹。

（4）粉底要涂抹均匀，薄厚适当，有整体效果。

（5）与面部相连接的裸露部位，如颈、胸、肩、背、手臂都应涂敷粉底。

2. 涂抹粉底的方式

涂抹粉底的方式有很多种，可直接用手涂抹，也可用粉扑或粉底刷进行涂抹。

（1）直接用双手涂抹是最方便的粉底涂抹方式，容易掌控力度，但也容易留下指纹，在眼底、下巴和鼻翼等细节处容易涂抹不均，此外手温还会影响粉底质地。

（2）使用海绵粉扑涂抹粉底操作简单，上粉均匀、服帖，但因粉扑会吸收过多粉底而造成浪费，且粉扑使用寿命短，需定期更换。

（3）使用粉底刷涂抹能完整地保留粉底的原有质地，其操作灵活，且刷出的底妆厚薄均匀，粉底刷使用寿命长，易于清洗和保养。使用粉底刷涂抹粉底如图 3-43 所示。使用粉底刷涂抹粉底的缺点是粉底刷携带不方便，且需要多加练习才能掌握使用技巧。

选择使用何种方法涂抹粉底，可根据自己的实际情况决定。

图 3-43　使用粉底刷涂抹粉底

3. 涂抹粉底的手法

（1）点法。涂抹粉底时把粉底按照从上至下、从中间向两边，以打点的方式涂于面部。

（2）擦法。粉底点完后用粉扑或美容指指腹由上往下、由内向外轻擦。

（3）压法。粉底擦均匀后用洁净海绵从面颊起进行全脸按压，将过剩的粉底、油脂吸走，使粉底和皮肤的亲和性加强，着色效果更好，使肤色更自然，避免“浮”的感觉，并使底色保持时间更长。

（4）推法。推法适用于对特殊部位如鼻唇沟的涂抹。

4. 涂抹粉底的顺序

用潮湿的海绵蘸粉底，用拍擦的方法将粉底均匀地涂抹于皮肤上。

（1）从脸颊内侧向外侧涂抹，涂抹完脸颊上中下三区。

（2）从左、右眼头与鼻翼涂到上眼窝与眉骨下方区域。

（3）从眉心开始往上涂抹，以放射状擦完整个额头部分。

（4）从眉心往鼻子方向开始擦，不要漏掉鼻尖到人中的小地方。

（5）从左到右在下巴与人中部位涂抹。

（6）将粉扑对折，用尖角部位擦嘴角四周与下睫毛下方的眼袋区域。

5. 特殊皮肤的粉底涂抹

（1）皮肤敏感者应用指腹涂抹粉底，以避免海绵对皮肤的刺激。

（2）毛孔粗大、皮肤粗糙者应先用浅色粉底涂抹一遍，再用与肤色接近的粉底涂抹。

（3）皮肤发红者应先用浅绿色或浅蓝色粉底涂抹发红的部位，再用接近肤色的粉底涂抹。

（4）有色斑的皮肤应先用遮瑕膏涂抹在色斑部位，再涂抹接近肤色的粉底。

（5）枯黄的皮肤应用粉红色的粉底涂抹，使皮肤显得红润。

（6）较黑的皮肤要选择浅咖啡色或深土色的粉底进行涂抹，防止肤色与粉底反差太大而显得不自然。

（三）涂高光色和阴影色

1. 涂高光色

高光色用在需要提亮的部位，如在鼻梁、额头、下颌等处，用点拍的手法进行提亮。

2. 涂阴影色

用平涂的手法在脸的外轮廓进行阴影色的晕染。

（四）涂定妆粉

定妆就是用蜜粉将涂好的粉底进行固定，以防因皮肤分泌油脂和汗液引起脱妆。定妆粉可起到柔和妆面和固定底色的作用，涂抹定妆粉是保持妆面干净及底色效果持久的关键步骤。

1. 定妆粉的分类（根据质量分类）

（1）重质定妆粉。重质定妆粉颗粒较粗，适用于毛孔粗大的皮肤。

（2）轻质定妆粉。轻质定妆粉颗粒较细，适用于毛孔小、肤质细腻的皮肤。

2. 定妆粉的分类（根据颜色分类）

（1）象牙白定妆粉。象牙白定妆粉适用于肤色或底色较白者。

（2）紫色定妆粉。紫色定妆粉适用于肤色或底色偏黄者。

（3）绿色定妆粉。绿色定妆粉适用于肤色或底色偏红者。

（4）橘色定妆粉。橘色定妆粉适合在暖色光源之下使用，还可用于晚妆定妆，可使皮肤显得自然、红润。

（5）粉色定妆粉。粉色定妆粉可以增加皮肤的质感，使面色显得红润，适用于新娘妆、青年妆等。

（6）蓝色定妆粉。蓝色定妆粉适合脸上有雀斑的人选用，具有良好的转移效果，在眼睛下方与整个脸部刷上薄薄一层蓝色蜜粉，可以让脸庞更立体。

（7）无色散粉。无色散粉的特点是用后不改变底色，易与粉底融为一体，主要用于定妆。

（8）珠光散粉。珠光散粉分有色和无色两种，适用于皮肤凹凸不平或者脸鼓的人。珠光散粉可以体现皮肤的质感，使皮肤有光泽。

3. 涂抹定妆粉的步骤

（1）用一个或两个粉扑蘸上散粉后，相对揉搓，使散粉在粉扑中均匀地揉开。

（2）如图 3-44 所示，把粉扑按压于面部，唇部和眼睛周围的散粉应略少，暗影处的散粉可略多。

（3）用大号粉刷把多余的散粉刷掉。

图 3-44　涂定妆粉

4. 涂抹定妆粉的注意事项

（1）定妆时，不可用粉扑在妆面上来回摩擦，以免破坏妆面。

（2）防止脱妆的关键在于鼻部、唇部及眼部周围，这些部位要小心定妆。

（3）用掸粉刷掸掉多余的蜜粉时，动作要轻，以免破坏妆面。

（4）定妆粉是帮助妆容持久，不泛油光的重要步骤，但是定妆粉毕竟是粉状的，上妆后，很容易变成“面粉脸”，特别是和亲密的人接近的时候，一下子就会被注意到脸上满是粉，所以一定要注意使用量。

【任务实训】基底化妆训练

训练名称	基底化妆		
小组名称		组长	
组员			
实训时间	年　月　日— 年　月　日		
基底化妆 训练情况			

任务四
与化妆相关的脸部知识

知识点

1. 脸部结构
2. 标准脸型结构的比例
3. 头脸部形态特征的差异

技能点

1. 了解脸部结构及标准脸型结构的比例
2. 掌握头脸部形态特征的差异

化妆是运用化妆技巧和化妆材料对不同的脸型进行修饰和美化，使之接近和符合美的要求的过程。化妆最主要的目的是将人美观的部位突出，而将稍有欠缺的部位遮掩，因此掌握脸部结构知识至关重要。很少有人天生长得一副完美无瑕的面孔，有的人一只眼睛大，一只眼睛小；有的人眉毛长短、粗细不一，等等。一般来说，人们只会留意脸部的整体，而不是特别注意某一部分。个体一般都能够清楚自己脸部的不和谐的元素，因而希望借助化妆来弥补这些不足。正确了解脸部的生理结构，发现脸型及脸部不同部位的优缺点，就能在化妆时有的放矢，从而塑造出美好的形象。

任务思维导图

- 与化妆相关的脸部知识
  - 脸部结构组成
    - 眉毛
    - 眼睛
    - 鼻部
    - 嘴唇
  - 标准脸型结构的比例
    - 脸部标准比例
    - “三庭五眼”
      - 三点一线
      - 眉的长度与眉峰
      - 嘴的大小
  - 头脸部形态特征的差异
    - 人种的差异
      - 黄色人种
      - 白色人种
      - 黑色人种
    - 性别与年龄的差异
    - 个体特征的差异
    - 脸型的差异
      - 椭圆脸
      - 圆脸
      - 方脸
      - 长方脸
      - 正三角脸
      - 倒三角脸
      - 菱形脸

一、脸部结构组成

对人的脸部结构（见图 3-45）进行了解是美容化妆的基础环节。在学习五官化妆之前，人们必须熟悉脸部的基本部位及其名称，掌握基本部位的特点，从而能够有针对性地进行美容化妆。

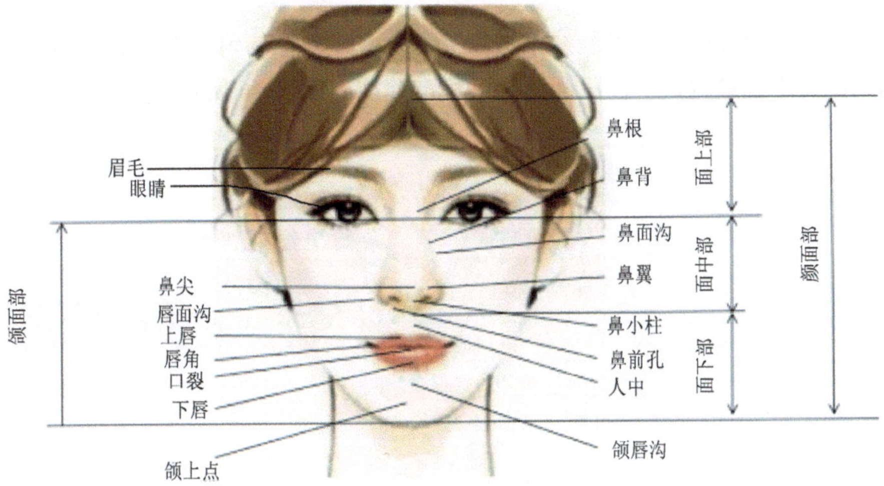

图 3-45　人的脸部结构

人的脸部结构可分为以下几个部分。

（一）眉毛

眉毛包括眉头、眉腰、眉峰、眉梢。

（二）眼睛

眼睛包括上眼线、上眼睑、内眼角、外眼角、下眼睑、下眼线、眼窝。

（三）鼻部

鼻部包括鼻根、鼻背、鼻梁、鼻翼、鼻尖。

（四）嘴唇

嘴唇包括唇角、上唇、下唇、唇峰。

二、标准脸型结构的比例

（一）脸部标准比例

在生活中，人们常会有这样的感觉，有些人的五官看上去虽然比较普通，但是整体看起来却很有神采，这是因为人的面貌是一个整体，相互间的比例在很大程度上决定着人体的外观美感。

标准的脸型是鹅蛋脸，鹅蛋脸线条弧度流畅，整体轮廓均匀，额头宽窄适中，与下半部平衡均匀，颧骨中部最宽，下巴成圆弧形。标准脸型如图 3-46 所示。

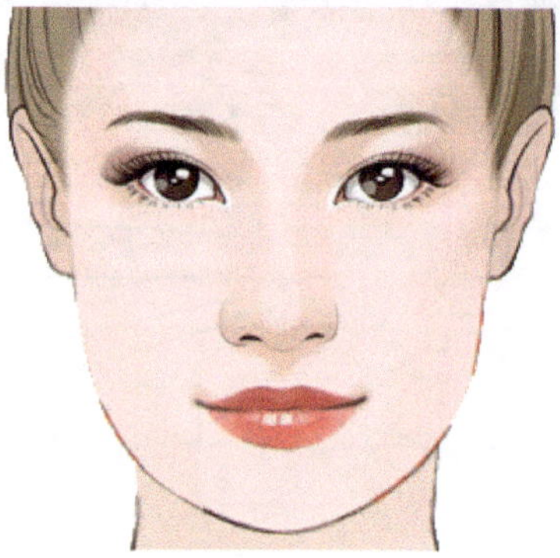

长与宽4：3

图 3-46　标准脸型

（二）“三庭五眼”

在中国古代绘画作品中，对人的脸部五官比例的描绘有“三庭五眼”的要求，这对脸部美容化妆有重要的参考价值。如图 3-47 所示，“三庭五眼”的比例很合乎中国人脸部五官外形的一般规律。

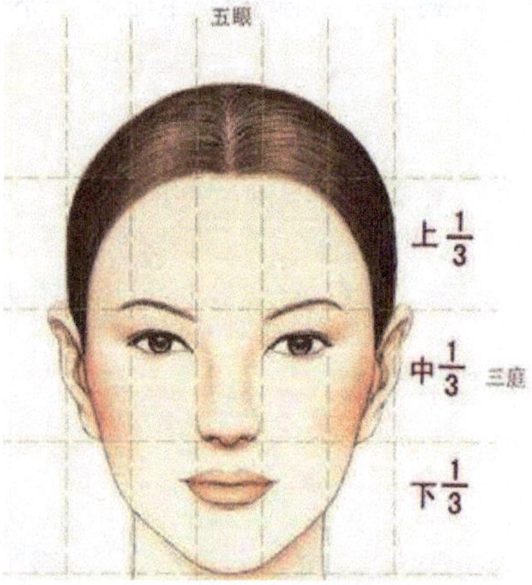

图 3-47　“三庭五眼”

所谓“三庭”，是指脸的长度比例，它把前发际线到下颌分为三等份：前发际线至眉毛为一庭，眉毛至鼻底为一庭，鼻底至下颌为一庭，它们各占脸的总比例的 1 / 3。所谓“五眼”是指脸的宽度比例，它以眼睛为标准把面部分为五等份：两眼的内眼角之间的距离是一只眼睛的宽度，两眼的外眼角延伸到耳孔的距离也是一只眼睛的宽度。

1. 三点一线

三点一线是指由眉头、内眼角和鼻翼这三点构成的一条垂直线。在修饰眉头或画眼线时，三点一线的概念非常重要。人们可从“三庭五眼”的比例中找出自己内眼角应在的位置，再用向上的垂线找到眉头的所在位置，然后依据向下的垂线找出自己鼻翼的宽窄距离，这可以使自己对妆面的修饰更加准确。

2. 眉的长度与眉峰

鼻翼至外眼角固定斜线的延伸处的长度即标准眉部轮廓的长度。沿眼球外侧缘所作的垂直线向上与眉的交点处为标准的眉峰位置。

3. 嘴的大小

在面部修饰中，嘴的大小很重要，要根据个体的脸的大小与形状来进行修饰。例如，大脸不适合画小嘴，而小脸也不适合画大嘴。因此，要想使脸部和谐，可以用作垂直线的方法找出适合的嘴唇长度。

三、头脸部形态特征的差异

在化妆前，个体要了解自己的头脸部基本形态特征，这样才能确定化妆的重点和尺度。头脸部形态特征的差异主要源于人种、性别、年龄、个体特征、脸型等的不同。

（一）人种的差异

人种是世界人类种族的简称，是指在一定的区域内，在历史上所形成的、在体质上具有某些共同遗传性状的人群。人种不同，人的肤色、发色、发质、脸型、头型等也不同。

1. 黄色人种

黄色人种的头为圆形，颌微凸，颧骨较高且横凸，鼻梁较塌，眼眉间距较大，嘴唇厚度适中，发质硬直，发色黑亮。

2. 白色人种

白色人种的头多呈长形，颧骨小且不横凸，鼻梁挺而直，呈弯钩形，嘴唇较薄，眼眉间距较小，发质松软，发色多为金黄色。

3. 黑色人种

黑色人种的头多呈长方形，鼻平扁，颌显凸，嘴唇较宽厚，发质卷曲，多呈螺旋状，发色为黑色。

（二）性别与年龄的差异

人的头脸部形态特征可因性别与年龄的不同而有所不同。

男性的头部趋于方正，骨骼、肌肉的起伏大，额部向后倾斜；女性的头部较为圆润，下颌稍尖，骨骼、肌肉起伏小，额部较平。

老年人牙齿脱落，牙床凹陷，唇收缩，颌部凸出；幼儿的下颌尚未发育完全，颌部内收，脑颅部较大。

（三）个体特征的差异

人的个体特征的差异主要表现在五官的差异上，人与人的眉、眼、鼻、唇、耳的大小都有所不同，世界上没有长得完全相同的人。

（四）脸型的差异

脸型即面部的轮廓线，指平视面部正面时，发际线以下的全脸边缘造型线。一般来说，人的脸型包括以下几种。

1. 椭圆脸

椭圆脸（见图 3-48）又称鹅蛋脸，是最均匀、最理想的脸型，整体脸部宽度适中，从额部面颊到下巴线条修长秀气，脸型如倒置的鹅蛋。鹅蛋脸被视为最理想的脸型，也是化妆师用来矫正其他脸型的依据。随着时代发展，相对于现代人来讲，鹅蛋脸欠缺个性。

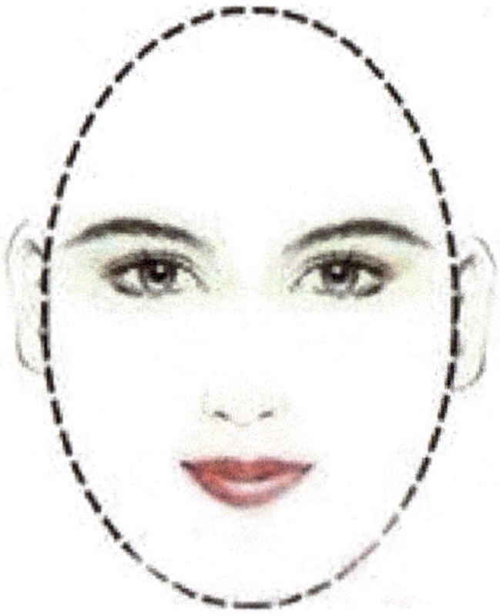

图 3-48 椭圆脸

2. 圆脸

圆脸（见图 3-49）的特点是额头、颧骨、下颌的宽度基本相同，从正面看，脸短颊圆，颧骨结构不明显，外轮廓从整体上看似圆形。圆脸型给人以可爱、明朗、活泼的印象，看上去会比实际年龄小。

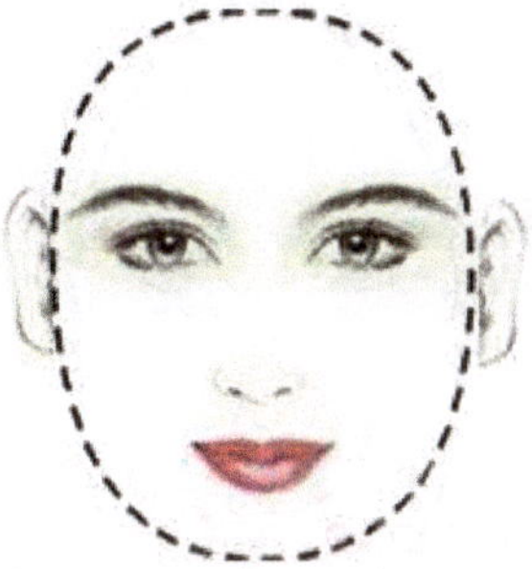

图 3-49　圆脸

3. 方脸

方脸（见图 3-50）是一种常见的脸型。方脸的特点是额头、颧骨、下颌的宽度基本相同，下巴较短，使脸看起来四四方方的。其与圆脸不同之处在于下颚横宽，线条平直，有力。方脸给人以坚毅、刚强、堂堂正正的印象。

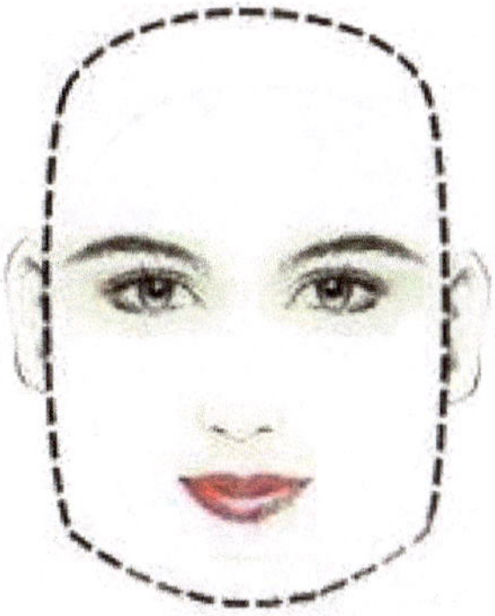

图 3-50　方脸

4. 长方脸

长方脸（见图 3-51）是比较瘦长，额头、颧骨、下颌的宽度基本相同，但脸宽小于脸长的 2/3 的脸型。此种脸型宽度较窄，显得瘦削而长，发际线接近水平且额头高，面颊线条较直，额部突出，棱角分明。

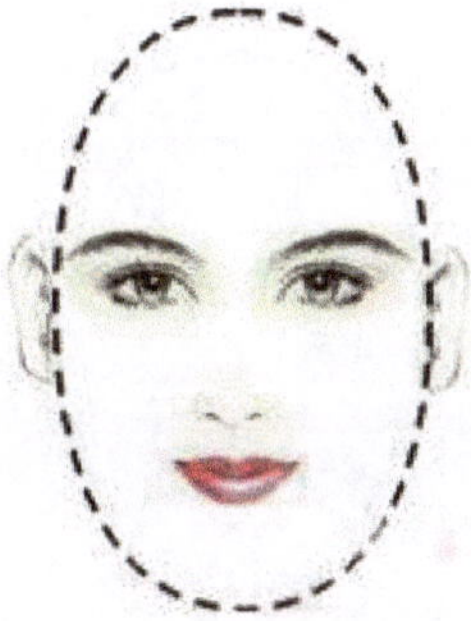

图 3-51　长方脸

5. 正三角脸

正三角脸（见图 5-52）是额头较窄，下巴宽大的脸型。此种脸型下颚宽大给人刚硬的感觉。

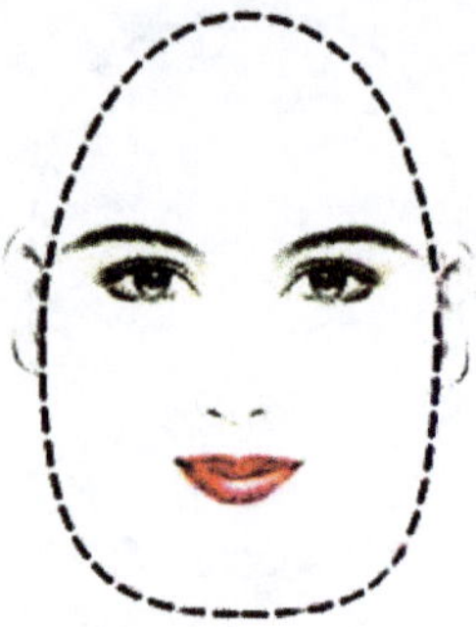

图 5-52　正三角脸

6. 倒三角脸

倒三角脸（见图 3-53）的人的眼睛、眉毛、额头所在的脸的上半部分比较宽，从脸颊开始慢慢窄下去，下巴比较尖。是一种现代美人脸，发际线大都呈水平状，有些人在额头发际处会有“美人尖”。

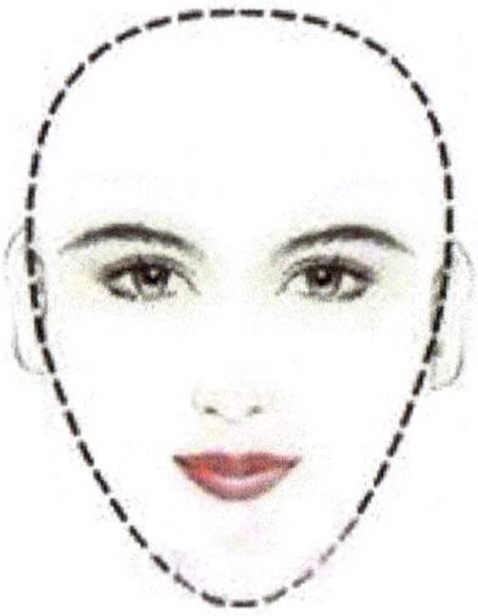

图 3-53　倒三角脸

7. 菱形脸

菱形脸（见图 3-54）又称杏仁脸，菱形脸的人的颧骨较高，有立体感，面部一般较为清瘦，颧骨突出，下颚尖，额头发际线较窄，面部较有立体感，脸上无赘肉，显得机敏、理智，给人以冷漠、清高、神经质的印象。

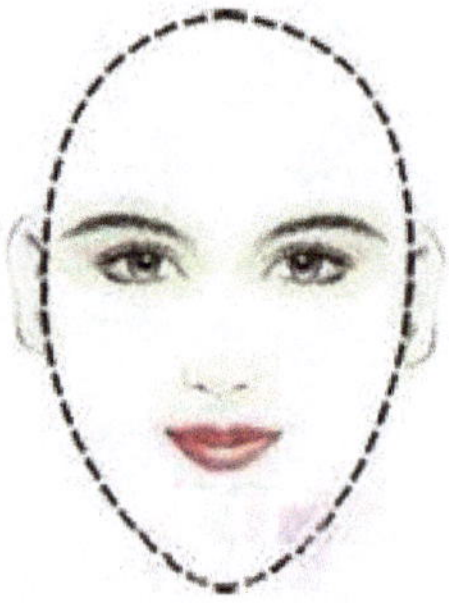

图 3-54　菱形脸

【任务实训】与化妆相关的脸部知识认知训练

<table>
<tr><td>训练名称</td><td colspan="3">与化妆相关的脸部知识认知</td></tr>
<tr><td>小组名称</td><td></td><td>组长</td><td></td></tr>
<tr><td>组员</td><td colspan="3"></td></tr>
<tr><td>实训时间</td><td colspan="3">年　　月　　日—　　　年　　月　　日</td></tr>
<tr><td>与化妆相关的脸部知识的认知情况</td><td colspan="3"></td></tr>
</table>

复习计划表

任务一　化妆概述
复习时间________年____月____日—________年____月____日
复习知识点
复习技能点
复习札记
复习自我评价
任务二　常用化妆品与化妆用具
复习时间________年____月____日—________年____月____日
复习知识点
复习技能点
复习札记
复习自我评价

续表

任务三　基底化妆概述
复习时间________年_____月_____日—________年_____月_____日
复习知识点
复习技能点
复习札记
复习自我评价
任务四　与化妆相关的脸部知识
复习时间________年_____月_____日—________年_____月_____日
复习知识点
复习技能点
复习札记
复习自我评价

项目四　妆容塑造技能

项目导入

在完成项目一、项目二、项目三的学习后，便可以开展妆容塑造技能的学习。妆容塑造涉及眉部、眼部、鼻部、唇部、面颊的化妆，也包括矫正化妆。掌握妆容塑造技能的程度，决定了化妆的实际效果。

项目目标

- **能力目标：**

熟练运用妆容塑造技法，化好民航工作人员职业妆

- **知识目标：**

1. 眉部勾画与修饰
2. 眼部的化妆
3. 鼻部的化妆
4. 唇部的化妆
5. 面颊的化妆
6. 矫正化妆

项目知识模块关联图

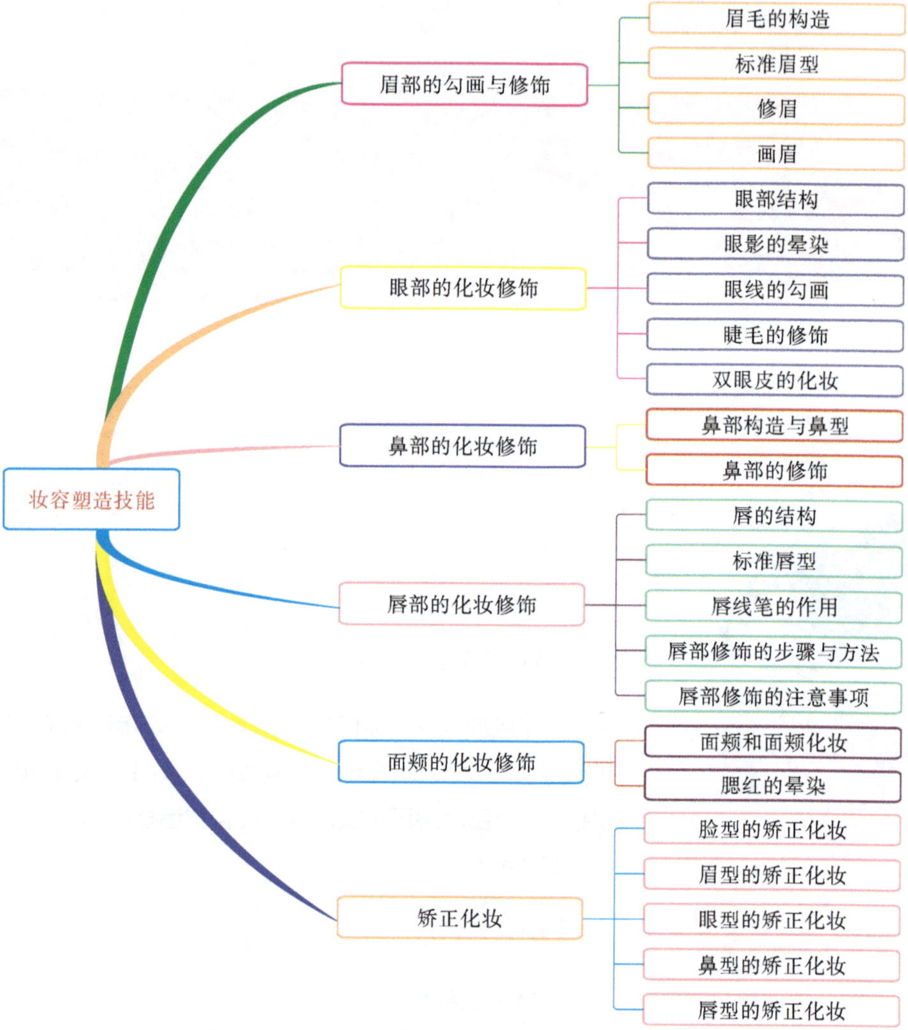
妆容塑造技能
眉部的勾画与修饰
眉毛的构造
标准眉型
修眉
画眉
眼部的化妆修饰
眼部结构
眼影的晕染
眼线的勾画
睫毛的修饰
双眼皮的化妆
鼻部的化妆修饰
鼻部构造与鼻型
鼻部的修饰
唇部的化妆修饰
唇的结构
标准唇型
唇线笔的作用
唇部修饰的步骤与方法
唇部修饰的注意事项
面颊的化妆修饰
面颊和面颊化妆
腮红的晕染
矫正化妆
脸型的矫正化妆
眉型的矫正化妆
眼型的矫正化妆
鼻型的矫正化妆
唇型的矫正化妆

任务一

眉部的勾画与修饰

知识点

1. 眉毛的构造
2. 标准眉型
3. 修眉与化眉

技能点

1. 了解眉毛的构造
2. 了解标准眉型
3. 掌握修眉、化眉的技巧

眉毛，人体脸部位于眼睛上方的毛发。眉毛对眼睛有保护作用，其有一定的生长周期，会自然脱落。眉毛是人脸部的重要组成部分。眉的修饰对矫正脸型缺点、强调眼部的立体感起着重要的作用。

任务思维导图

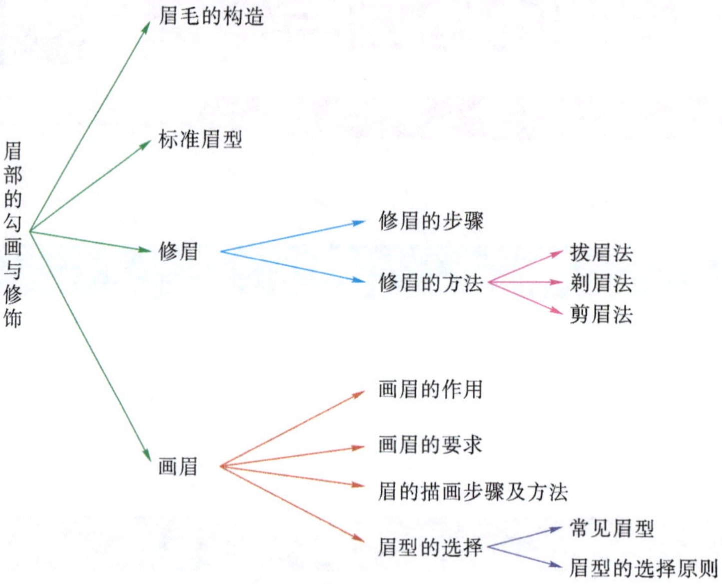
眉部的勾画与修饰
眉毛的构造
标准眉型
修眉
修眉的步骤
修眉的方法
拔眉法
剃眉法
剪眉法
画眉
画眉的作用
画眉的要求
眉的描画步骤及方法
眉型的选择
常见眉型
眉型的选择原则

一、眉毛的构造

眉毛起自眼眶的内上角，沿眼眶上缘向外呈弧形至眼眶外上角。靠近鼻根部的内侧端称眉头，外侧端称眉梢，外高点称眉峰，眉头与眉峰之间的部分称眉腰，眉毛的构造如图 4-1 所示。

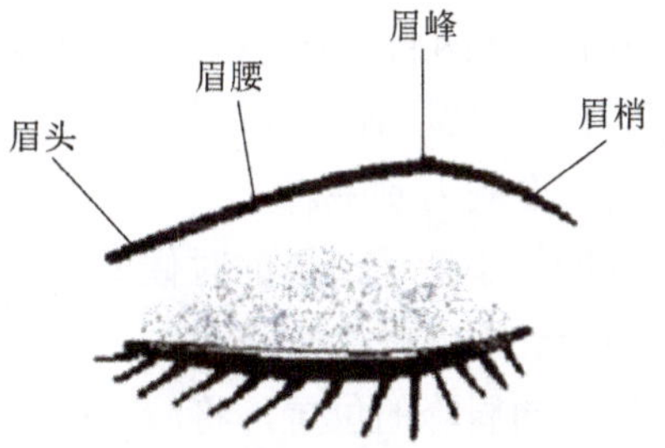

图 4-1　眉毛的构造

眉头部位的毛发斜向外上方生长。从眉腰处开始，眉毛分上下两列生长，上列眉毛斜向下方生长，下列眉毛斜向上方生长。眉峰至眉梢部位的毛发细而稀疏，中间部位的毛发粗而致密，使眉毛的疏密状态为两头淡、中间浓。画眉时一定要遵循眉毛的浓淡变化规律，这样才能使眉毛显得生动。

二、标准眉型

这里所指的“标准”，主要是对眉毛而言的，不存在与其他部位的相对关系。标准眉型（见图 4-2）应符合以下条件。

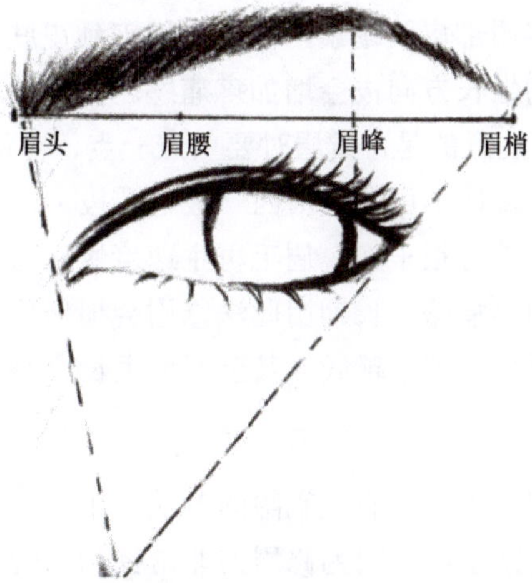

图 4-2　标准眉型

（1）眉头与内眼角应在一条直线上。

（2）眉梢的长度是从鼻翼拉一条 45° 斜线，穿过眼尾，眉梢与此线相接为宜。

（3）将眉毛分为 3 等份，在 2/3 的部位再向眼头移少许，就是眉峰的位置，但眉峰最好不要有角度。

（4）眉头与眉梢几乎呈水平线，但眉梢可略高些。

三、修眉

（一）修眉的步骤

（1）正向面对镜子，将笔刷平放在两眉上方，检查两边眉峰的高度，如果两边高度差未超过 0.3 cm，才需要修眉峰；尤其是初学修眉，不建议修整眉峰，会很容易破坏掉完整的眉部轮廓。

（2）先将眉眼间的毛发，用安全剃刀剃除。

（3）用镊子拔除靠近眉毛处的细小杂毛，拔的时候要夹紧根部，顺向拔起。注意只要慢慢拔除边缘的杂毛即可，拔太多会让眉毛产生空隙。

（4）利用眉梳或眉刷，由眉头向眉峰的位置，将眉毛梳顺。

（5）眉峰到眉梢的眉毛则要往下梳。

（6）利用弯形剪刀，把梳整过后的眉毛边缘修剪出整齐的弧线。

（7）如果眉毛太长，可用梳子将眉毛挑起后剪短。

（二）修眉的方法

根据修眉所使用的工具的不同，修眉的方法也有不同。一般来说，主要有 3 种修眉方法，即拔眉法、剃眉法和剪眉法。

1. 拔眉法

拔眉法是指用眉钳将多余的眉毛连根拔除的方法。操作前可用温热的毛巾在清洁过的眉毛处热敷片刻，以软化皮肤，扩张毛孔，减轻拔眉时的疼痛感。

操作时用食指和中指将眉部皮肤绷紧，以免眉钳夹到皮肤，再顺着眉毛生长的方向一根一根地拔。如果逆着眉毛的生长方向拔会增加疼痛感。拔眉的顺序不必强求一律，可以先上后下，也可先下后上，但应注意的是，拔眉时要一点一点、有秩序地进行，这样不仅速度快，而且眉部轮廓容易修得整齐，切不可东一根西一根地乱拔。

拔眉法的特点是修过的地方很干净，眉毛再生速度慢，眉部轮廓保持的时间相对较长；不足之处是拔眉时有轻微的疼痛感，长期用此法修眉会损伤眉毛的生长系统，皮肤也会变松弛，使常被拔部位眉毛的再生率越来越低，甚至不再生长。

2. 剃眉法

剃眉法是指利用修眉刀将多余的眉毛剃除的方法。用修眉刀的刀片贴紧皮肤滑动，以将眉毛根切断。在操作时应特别小心，因为修眉刀非常锋利，若使用不当会割伤皮肤。正确的操作方法是：用一只手将皮肤绷紧，另一只手的拇指和食指固定刀身，修眉刀与皮肤表面成 45° 在皮肤上轻轻滑动，将眉毛根切断。

剃眉法的特点是修眉速度快，无疼痛感，但剃过的部位不如拔眉显得干净，而且眉毛再生速度快，眉部轮廓保持时间短。

3. 剪眉法

剪眉法是用眉剪将杂乱或下垂的眉毛剪掉，使眉部轮廓显得整齐的方法。操作时先将整条眉毛用眉刷理顺，然后再用眉剪将多余的部分剪掉。剪眉法一般配合以上两种方法使用，适合眉毛生长方向比较乱或眉毛太长者。

四、画眉

眉毛的形状、色调可展示人的个性和情绪，并能修饰脸型，同时也是区别妆型的重要因素。

（一）画眉的作用

（1）强调个性，表现妆型特点。

（2）弥补眉毛自身生长的不足，完善眉型。

（3）调整脸型，调整眉与眼的距离。

（二）画眉的要求

（1）眉型要与脸型、个性协调。

（2）眉色要与肤色、妆型协调。

（3）眉毛的描画要虚实相映，左右对称。

（三）眉的描画步骤及方法

（1）眉腰—眉峰。顺着眉毛的生长方向描画至眉峰处，形成上扬的弧线。

（2）眉峰—眉梢。顺着眉毛的生长方向斜向下画至眉梢，形成下降的弧线。

（3）眉腰—眉头。用眉刷刷眉，使其柔和，使眉腰与眉头衔接。

（四）眉型的选择

1. 常见眉型

如图 4–3 所示，常见眉型有柳叶眉、拱形眉、上挑眉和平直眉等。

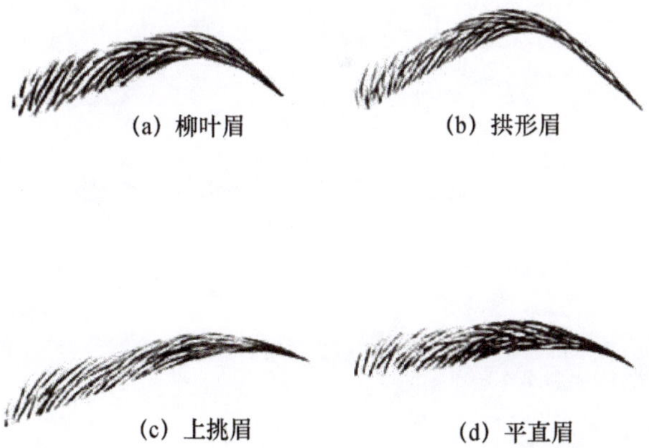

图 4–3 常见眉型

2. 眉型的选择原则

眉型的多样化使眉毛富于变化和表现力。眉型的选择对眉毛的修饰和美化非常重要。在选择眉型时要注意以下几点。

（1）根据眉毛的自然生长条件来确定眉型。较粗、较重的眉毛的造型设计余地大，可通过修眉以形成多种眉型；较细、较浅的眉毛在造型时有一定的局限性，只能根据自身条件进行修饰，否则会给人失真、生硬的感觉。眉毛是由眉棱支撑的，眉毛自然生长的弧度是由眉棱的弧度决定的。因此，在设计眉型时，要考虑眉棱的弧度，若调整幅度过大，会显得不协调，不仅不能增加美感，反而会影响化妆的整体效果。

（2）根据脸型选择眉型。眉毛是面部可以通过大幅修饰而改变形状的部位，因而对脸型有一定的矫正作用。

（3）根据个人喜好选择眉型，以充分表现个人的性格和内在气质。

【任务实训】眉部的勾画与修饰训练

训练名称	眉部的勾画与修饰		
小组名称		组长	
组员			
实训时间	年　月　日—　年　月　日		
眉部的勾画与修饰训练情况			

任务二

眼部的化妆修饰

知识点

1. 眼部结构
2. 眼影的晕染、眼线的勾画
3. 睫毛的修饰
4. 双眼皮的化妆

技能点

1. 了解眼部结构
2. 掌握眼影的晕染方法
3. 掌握眼线的勾画方法
4. 掌握睫毛的修饰方法
5. 掌握双眼皮的化妆方法

眼部是面部表情最为丰富的地方。想让双眸大而清澈，散发诱人的魅力，可以通过对眼部进行修饰来实现。对眼部进行化妆修饰，不仅能够表现出整体化妆的重点，还能直接影响化妆的效果。

任务思维导图

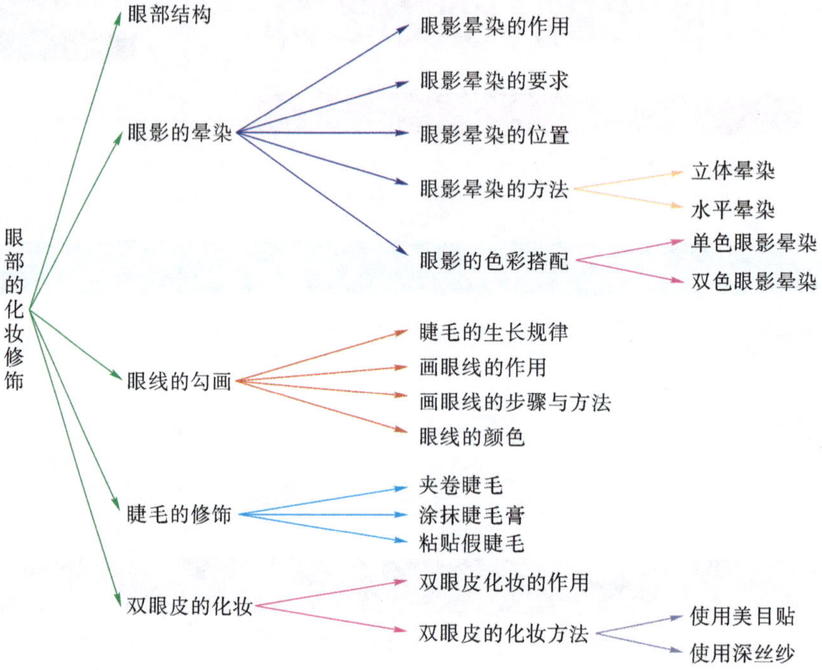
眼部的化妆修饰
眼部结构
眼影的晕染
眼影晕染的作用
眼影晕染的要求
眼影晕染的位置
眼影晕染的方法
立体晕染
水平晕染
眼影的色彩搭配
单色眼影晕染
双色眼影晕染
眼线的勾画
睫毛的生长规律
画眼线的作用
画眼线的步骤与方法
眼线的颜色
睫毛的修饰
夹卷睫毛
涂抹睫毛膏
粘贴假睫毛
双眼皮的化妆
双眼皮化妆的作用
双眼皮的化妆方法
使用美目贴
使用深丝纱

一、眼部结构

眼睛是人体的视觉器官，眼球前方覆有上眼睑和下眼睑两部分，其间为睑裂。下眼睑的皮肤内侧有一条细的皱襞称下眼睑沟，人到老年时，皮肤松弛，眼睑沟明显。上眼睑的皮肤在睁眼时可形成一条皱襞，这条皱襞称为重睑，又称上睑皱褶，即“双眼皮”，没有重睑者则为“单眼皮”。眼眶上缘与眼球之间为上眼睑沟。上、下睑缘相连形成两个眼角，内侧角圆钝，称为内眼角；外侧角呈锐角，称外眼角。上眼睑的睫毛称上睫毛，下眼睑的睫毛称下睫毛。

上眼睑可以覆盖在半个眼球体上，眼部化妆要以此为依据，以充分体现眼部的转折与结构。

二、眼影的晕染

（一）眼影晕染的作用

眼影的晕染可强调和调整眼部凹凸结构，赋予眼部立体感，并透过色彩的张力，让整个脸庞妩媚动人。

（二）眼影晕染的要求

（1）眼影色要与妆型服饰色相协调。

（2）眼影晕染的形态符合眼部轮廓的要求。

（3）色彩过渡要柔和，多色眼影搭配时要丰富但不能混浊。

（三）眼影晕染的位置

晕染眼影时要先确定晕染位置，根据需要可将眼影局部或全部覆盖于上眼睑，晕染时要与眉毛有一定的空隙，眉梢下的地方要空出，不晕染或进行提亮。眼影晕染位置如图 4-4 所示。

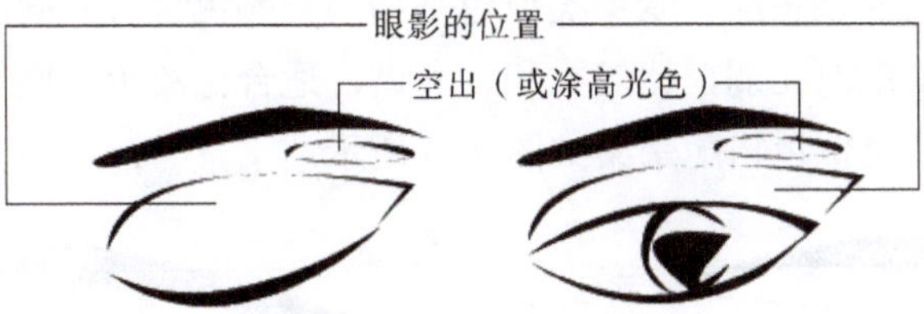

图 4-4　眼影晕染位置

有时下眼睑也要晕染眼影，晕染位置在下睫毛根的边缘，晕染面积要小，眼影用量要少，使用小号眼影刷晕染出外粗内细的效果即可。

（四）眼影晕染的方法

眼影的涂抹主要是通过晕染的手法来完成的。也就是说，在画眼影时颜色不能成块状堆积在眼睑上，而是要呈现出一种深浅变化，这样才会显得自然、柔和。通常眼影的晕染有两种方法，即立体晕染和水平晕染。

1. 立体晕染

立体晕染是指按素描绘画的方法晕染眼影，将深暗色涂于眼部的凹陷处，将浅亮色涂于眼部的凸出部位。暗色与亮色的晕染要衔接自然，明暗过渡要合理。立体晕染的最大特点是可通过色彩的明暗变化来表现眼部的立体结构。

2. 水平晕染

水平晕染是将眼影在睫毛根部涂抹，并向上晕涂，越向上越淡，色彩呈现出由深到浅的渐变。水平晕染的特点是通过表现色彩的变化来美化眼睛。

立体晕染和水平晕染这两种方法没有绝对的界线，立体晕染中也常常包含表现色彩变化的内容，而水平晕染中也常常要顾及眼部凹凸结构的因素，只是它们所表现的侧重点有所不同。

(五)眼影的色彩搭配

1. 单色眼影晕染

单色眼影化妆应有浓有淡，有深浅变化。用单色眼影化妆比较自然，但容易显得单调。单色眼影晕染如图 4–5 所示。

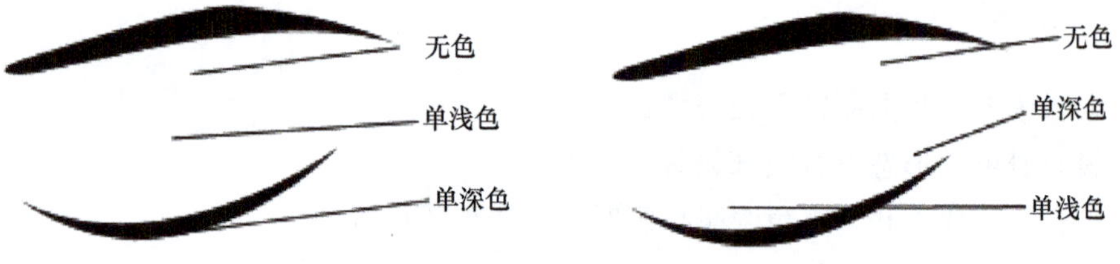

(a) 水平单色晕染　　(b) 立体单色晕染

图 4–5　单色眼影晕染

2. 双色眼影晕染

(1) 类似色搭配（深浅搭配）晕染类似色是指两种颜色含有共同的色彩成分，如淡紫红和深紫红，这种色彩搭配对比弱，比较柔和、和谐，适合化淡妆。操作时宜先用浅色晕染，再用深色作为强调色。类似色搭配晕染如图 4–6 所示。

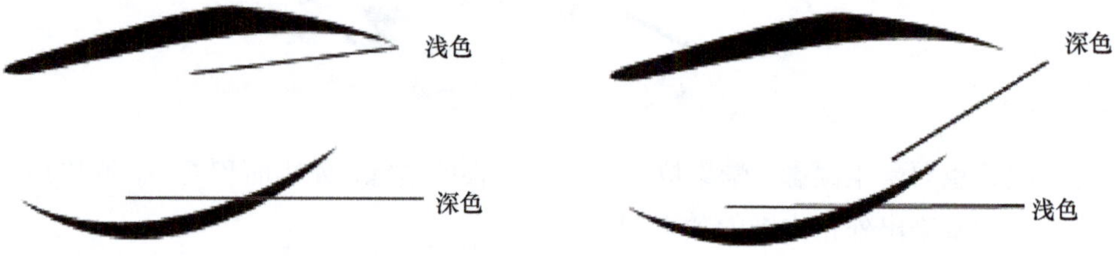

(a) 水平类似色搭配晕染　　(b) 立体类似色搭配晕染

图 4–6　类似色搭配晕染

(2) 明暗色搭配晕染。明暗色彩搭配可强调眼部的凹凸结构，常用于晚妆及人造光源下的化妆。明暗色搭配晕染如图 4–7 所示。

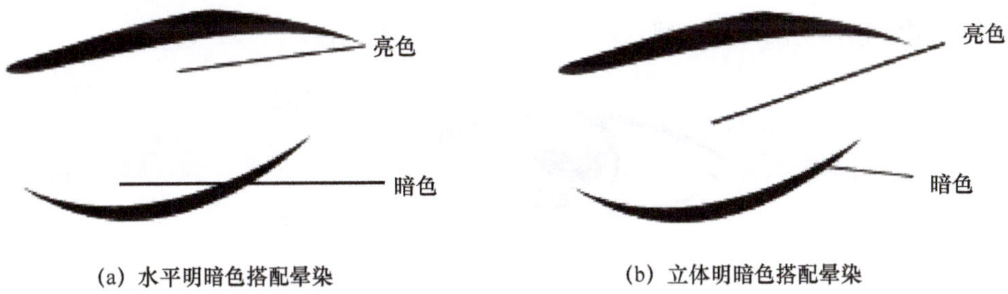

图 4-7 明暗色搭配晕染

（3）冷暖色搭配晕染。冷暖色彩搭配可产生强烈的对比效果，常用于浓妆、彩妆、舞台化妆，这种色彩搭配要掌握好纯度比。冷暖色搭配晕染如图 4-8 所示。

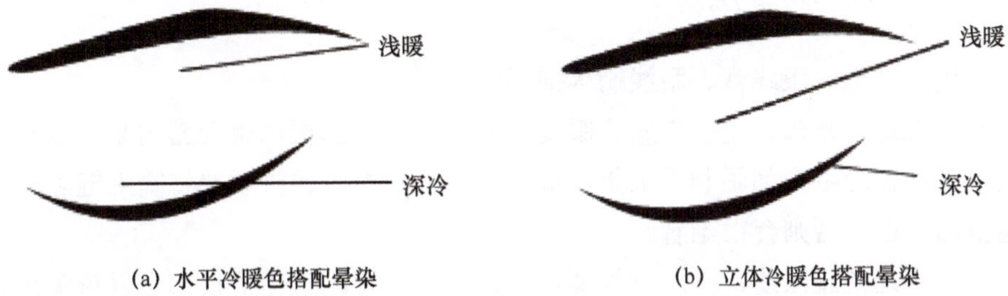

图 4-8 冷暖色搭配晕染

（4）三色搭配晕染。三色搭配晕染又称 1/3 化妆法，即将上眼睑分成三部分，中间用亮色，其他色彩可采用冷暖、深浅对比。三色搭配晕染适合上眼睑较宽、用色余地大的眼部化妆。三色搭配晕染如图 4-9 所示。

图 4-9 三色搭配晕染

三、眼线的勾画

眼线在日常生活中也被称为睫毛线。通过眼线的描画可使眼睑边缘清晰，同时由于睑缘的加深又与眼部巩膜（眼球外围的白色部分）形成了鲜明的黑白对比，增加了眼睛的神采和亮度。此外，利用眼线的位置及角度，可以从视觉上调整眼睛的形状。

（一）睫毛的生长规律

上睫毛浓、粗，下睫毛淡、细；外眼角位置的睫毛浓、重，内眼角位置的睫毛稀、淡。

上、下眼线如图 4-10 所示。在画眼线时，要遵循其生长规律。

图 4-10　上、下眼线

（二）画眼线的作用

描画眼线可调整眼睛的轮廓和两眼之间的距离，增强眼睛的黑白对比度，使人显得神采奕奕。

（三）画眼线的步骤与方法

通常可用眼线笔、眼线膏、眼线刷等描画眼线。

（1）要找准睫毛根部，用手指腹将眼皮拉起来，睫毛的根部就会露出来，这样就可以看清楚睫毛根部，在睫毛根部画利于上妆，最重要的一点是画的时候要将睫毛缝隙一点点地填满，不能留出余白，否则会很难看。

（2）一点点地描画眼线，画的时候要仔细，眼线笔要贴着睫毛根部可以避免出现断点和弯曲现象，如果方向弯曲了，可以用化妆棉来调整没有画好的地方。

（3）眼尾拉长眼线画到眼角处的时候要轻微地向上扬起一点，这样画出的眼线可以美化眼型，让眼型更加完美漂亮。在画眼线的时候，只需要在眼尾处稍稍向上拉长一点就可以了，上扬的这一笔要流畅，一笔画到位。

（4）上眼线画完之后可以使用化妆棉顺着眼线的边缘向外慢慢地晕染，让眼线和眼影之间有渐变的效果，这样眼睛看起来不仅自然而且更加深邃。

（5）下眼线在眼妆中起到呼应上眼线的作用，可以让眼睛看起来更大、更有神，画下眼线的时候重点在于将上下眼线连接上。在画下眼线末端的时候一定要让下眼线和上眼线连接起来，而且要注意眼角的空白处也要填满。

（6）细心地勾画眼头可以使眼睛更漂亮，稍微拉起上眼皮露出眼头的位置，顺着眼头的弧度，用眼线笔细心地勾画，也可适当延伸出去一点，效果会使眼睛更长一点。用眼线笔描画眼线如图 4-11 所示。

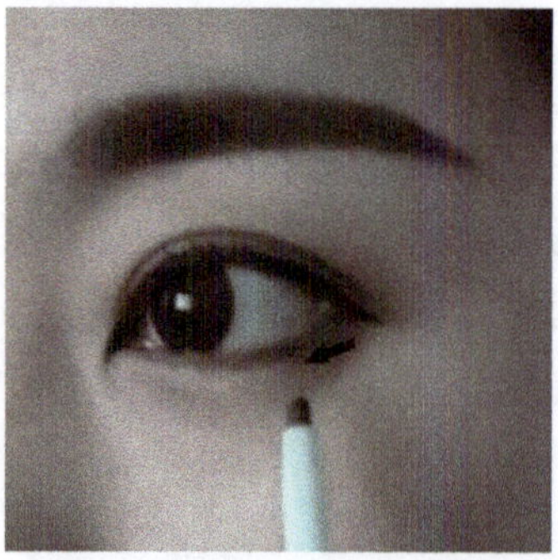

图 4-11　用眼线笔描画眼线

眼线离眼球很近，眼球周围的皮肤非常敏感，描画时会不小心刺激眼睛而流泪，破坏妆面，因此描画眼线要格外细致。眼线要画得整齐干净、宽窄适中。描画眼线的力度要轻，手要稳。用眼线刷描画眼线如图 4–12 所示。

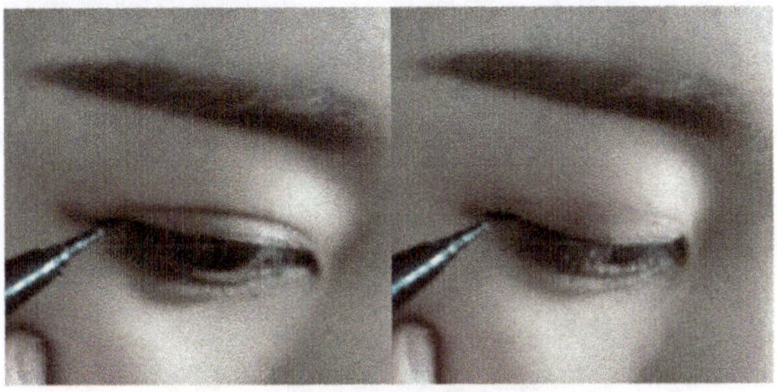

图 4–12　用眼线刷描画眼线

（四）眼线的颜色

眼线的颜色有很多种，如黑色、灰色、棕色、蓝色、紫色、绿色等。由于亚洲人毛发的颜色为棕黑色，因此一般使用棕黑色眼线笔，但有时候根据妆型设计的特殊需要也可使用其他颜色。

四、睫毛的修饰

睫毛是眼睛的第一道防线，同时，长而浓密的睫毛对增加眼睛的神采也能起到辅助作用，令眼睛炯炯有神，充满魅力。

亚洲人的睫毛的生长特点为直、硬、短，并向下生长，常会遮盖住眼睛的神采。这些问题可以通过夹卷睫毛、涂抹睫毛膏或粘贴假睫毛等方式来解决。

（一）夹卷睫毛

通过睫毛夹夹卷睫毛使睫毛卷曲上翘，这样可以增添眼部的立体感。如图 4–13 所示，夹卷睫毛时眼睛向下看，将睫毛夹的夹口置于睫毛上，将夹子夹紧，稍停片刻后松开，不移动夹子的位置连续做几次，使睫毛卷曲的弧度固定。在夹睫毛时应分别从睫毛根、睫毛中部和睫毛尖部 3 处施力以使其弯曲，这样形成的弧度会比较自然。

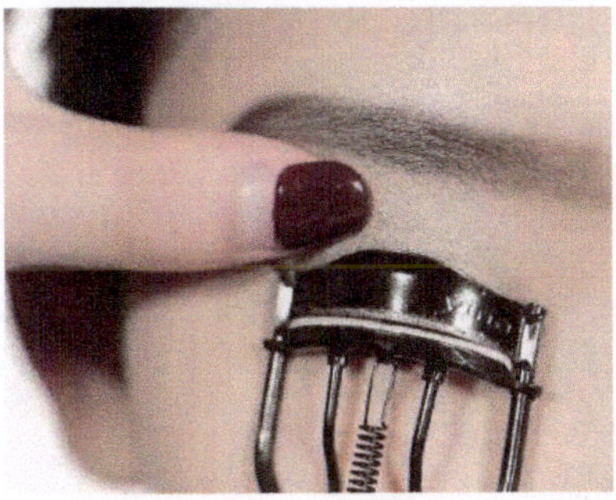

图 4–13　夹卷睫毛

（二）涂抹睫毛膏

如图 4–14 所示，用睫毛膏涂睫毛时，眼睛要向下看，睫毛刷由睫毛根部向下、向外转动。然后眼睛平视，睫毛刷由睫毛根向上、向内转动。涂上睫毛时，先用睫毛刷的刷头横向涂抹睫毛梢，再由睫毛根部由内向外转动睫毛刷。如出现睫毛粘连的情况，可用眉梳在涂抹睫毛膏后将其梳顺，使睫毛保持自然状态。

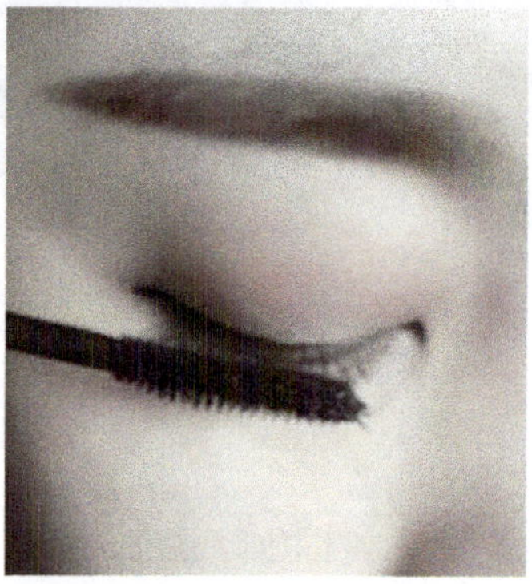

图 4–14　涂抹睫毛膏

（三）粘贴假睫毛

当自身睫毛稀疏、较短或遇妆型需要时，可利用粘贴假睫毛的方式来增加睫毛的长度和密度。粘贴假睫毛如图 4–15 所示。

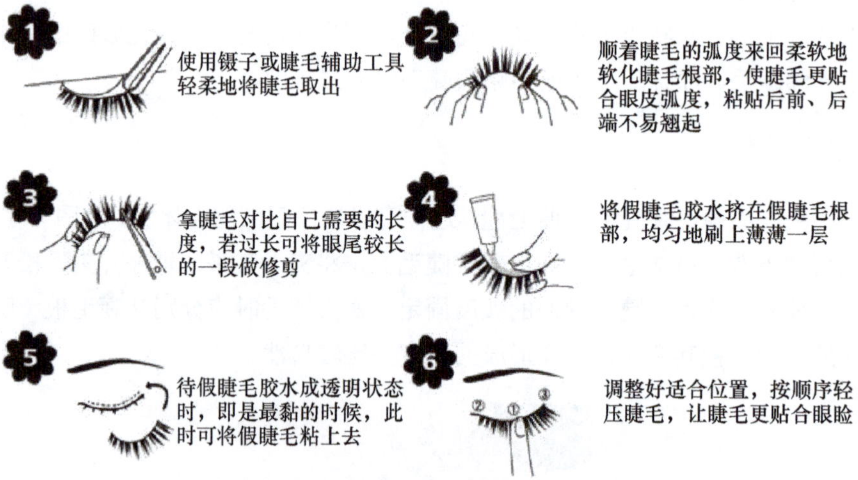

图 4–15　粘贴假睫毛

（1）做好准备。

在粘贴假睫毛之前，往往要画好眼线，先画好眼线相当于为假睫毛定位，然后再开始粘贴假睫毛，这样粘贴出的假睫毛才会更自然逼真。

（2）把假睫毛多余的一端剪掉。

粘贴假睫毛之前的工作准备就绪后，就开始用手粘住睫毛一端，试放于眼部上侧，并将其与眼部宽幅进行比对。如果发现假睫毛过长的话，需要用剪刀将多余的长度从假睫毛的尾部剪掉。

（3）轻拉弯曲睫毛，增强睫毛韧度。

为了增加睫毛韧性，可以用手捏住假睫毛的两端，轻轻地上下弯曲，并反复多次，这样可以使假睫毛材质变得松软有韧性，佩戴起来也会更易贴合眼部弧度。

（4）用睫毛夹夹卷自身睫毛。

用睫毛夹将自己原有的睫毛夹卷、夹翘。

（5）在假睫毛上涂上粘胶。

粘贴假睫毛，要选用带刷头的胶水，沿假睫毛根部，使粘胶均匀涂抹于整个假睫毛的根部位置。在此过程中要在粘胶开始收干的状态前开始粘贴假睫毛，这样可以使粘贴更为密实。

（6）粘贴假睫毛。

用镊子等工具夹取假睫毛中间的位置，沿着自己本身睫毛的根部位置下压黏合，首先你需要决定黏合的位置，轻压睫毛根部直至完全紧密黏合，要按中间、眼头、眼尾的先后顺序分别轻压黏合，待粘胶干透，即大功告成。

（7）后续处理。

假睫毛粘贴后不显得浓密自然的，还需要用化妆剪刀来进行修眉，然后再用睫毛膏把真睫毛和假睫毛刷一下，这样才会出现自然逼真的效果。

五、双眼皮的化妆

（一）双眼皮化妆的作用

（1）矫正过于下垂的眼皮。

（2）矫正两眼大小，使其协调。

（3）使眼睛显得更大。

（二）双眼皮的化妆方法

1. 使用美目贴

美目贴主要用于日常生活化妆和影楼化妆，使用方便，容易掌握；但因其是塑胶制品，故不易上色，且有反光点。

使用方法：根据眼的长度，将美目贴剪成月牙形，两边不可太尖，应剪成圆形，以免刺激眼睛，剪好后用镊子夹住，贴在适当的位置上。美目贴自身有黏性，故应在打底之前贴好。

2. 使用深丝纱

深丝纱需配合酒精胶使用，主要用于影视化妆和舞台化妆，其效果自然且容易上色。

使用方法：在涂完眼影后使用，先根据眼部轮廓将深丝纱剪成月牙形，用酒精胶做单面涂抹（胶水不宜使用过多），然后贴在眼睑上，最后用定妆粉定妆，以避免上、下眼睑粘在一起。

【任务实训】眼部的化妆修饰训练

<table>
<tr><td>训练名称</td><td colspan="3">眼部的化妆修饰</td></tr>
<tr><td>小组名称</td><td></td><td>组长</td><td></td></tr>
<tr><td>组员</td><td colspan="3"></td></tr>
<tr><td>实训时间</td><td colspan="3">年　月　日一　　年　月　日</td></tr>
<tr><td>眼部化妆
修饰训练情况</td><td colspan="3"></td></tr>
</table>

任务三

鼻部的化妆修饰

知识点

1. 鼻部构造与鼻型
2. 鼻部的修饰

技能点

1. 了解鼻部的构造与鼻型
2. 掌握鼻部的修饰技巧

鼻部是展现脸部立体效果最关键的部位之一，其化妆修饰的效果直接影响到化妆的整体效果，本任务对鼻部的化妆修饰进行介绍。

任务思维导图

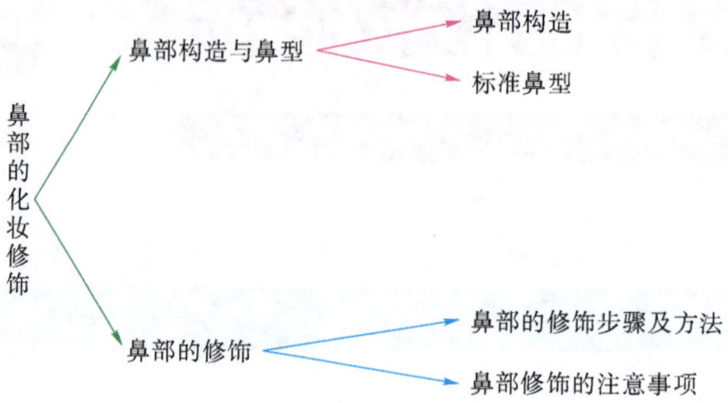

一、鼻部构造与鼻型

（一）鼻部构造

鼻位于脸部的中庭，是整个脸部最凸起部位。

如图 4–16 所示，鼻由鼻骨、鼻软骨和软组织构成，其主要结构包括鼻根、鼻梁、鼻翼、鼻孔、鼻尖、鼻小柱、鼻中隔等。其中，鼻根始于眉头，鼻翼位于眼角垂直线的外侧，鼻梁由鼻根向鼻尖逐渐增高。

图 4–16　鼻的结构

（二）标准鼻型

标准鼻型的鼻的长度为脸长度的 1/3，宽度为脸宽的 1/5。鼻根位于两眉之间，鼻梁由鼻根向鼻尖逐渐隆起，鼻翼两侧在内眼角的垂直线上。

二、鼻部的修饰

（一）鼻部的修饰步骤及方法

（1）根据鼻部需要蘸取少量阴影粉。

（2）将鼻型刷置于眉头前部鼻根两侧位置。

（3）刷头与脸部呈 45° 倾斜，从鼻根部侧边向下轻刷。

（4）沿着鼻梁侧边走势涂抹至鼻翼。

（5）勾出鼻影轮廓，将刷头来回仔细晕染鼻影边缘。使其与周围妆容形成自然过渡。

（6）将刷头置于鼻根部，向眉头方向进行晕染涂抹，并延伸到眉头 1 厘米位置。

（7）将刷头来回仔细晕染鼻影边缘，使鼻部阴影与眉头自然过渡。

（二）鼻部修饰的注意事项

（1）鼻侧影的晕染要符合面部的结构特点，注意色彩的变化，在鼻根处深一些，并要与眼影衔接。

（2）鼻侧影与面部粉底的相连处色彩要相互融合，不要显出明显的痕迹，并且要左右对称。

（3）鼻梁上的高光色应符合生理结构，宽度适中，最亮部位应在鼻尖，因为此处是鼻部的最高点。

【任务实训】鼻部的化妆修饰训练

训练名称	鼻部的化妆修饰		
小组名称		组长	
组员			
实训时间	年　月　日—　年　月　日		
鼻部的化妆修饰训练情况			

任务四

唇部的化妆修饰

知识点

1. 唇的结构
2. 标准唇型
3. 唇线笔的作用
4. 唇部修饰的步骤与方法，以及唇部修饰的注意事项

技能点

1. 了解唇的结构、标准唇型知识
2. 理解唇线笔的作用
3. 掌握唇部修饰的步骤与方法，以及唇部修饰的注意事项

唇是面部最鲜艳且肌肉最活跃的部位，其与面部表情变化有密切的关系，是面部整体美感的重要组成部分。通过对唇的修饰不仅能增加面部色彩，还能帮助调整肤色，因此，唇的修饰在化妆中十分重要。

任务思维导图

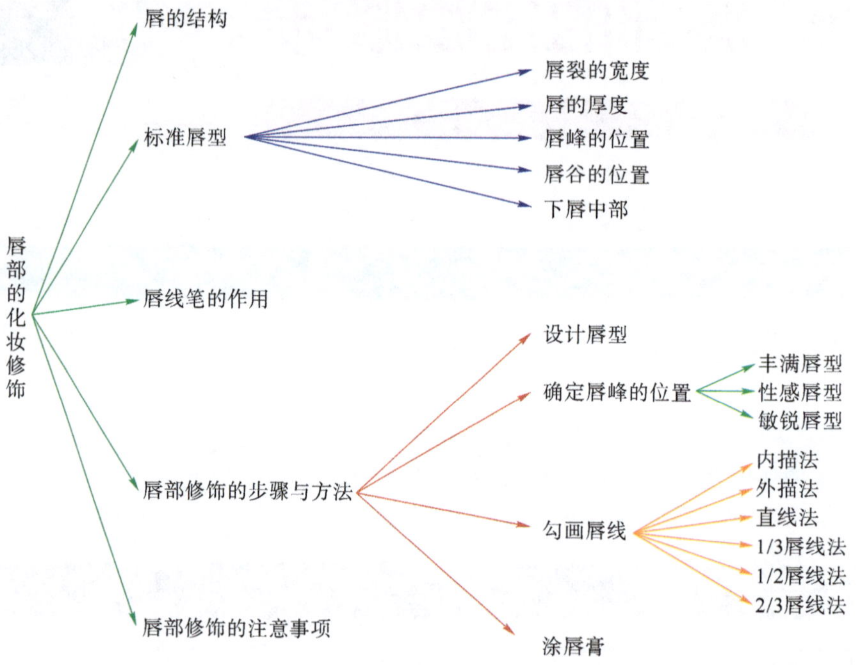
唇部的化妆修饰
唇的结构
标准唇型
唇裂的宽度
唇的厚度
唇峰的位置
唇谷的位置
下唇中部
唇线笔的作用
唇部修饰的步骤与方法
设计唇型
确定唇峰的位置
丰满唇型
性感唇型
敏锐唇型
勾画唇线
内描法
外描法
直线法
1/3唇线法
1/2唇线法
2/3唇线法
涂唇膏
唇部修饰的注意事项

一、唇的结构

如图 4-17 所示，唇由上唇和下唇组成，上、下唇之间称为唇裂，上唇结节有两个凸起的部位称为唇峰，两唇峰之间的低谷称为唇谷，唇的两侧为唇角。

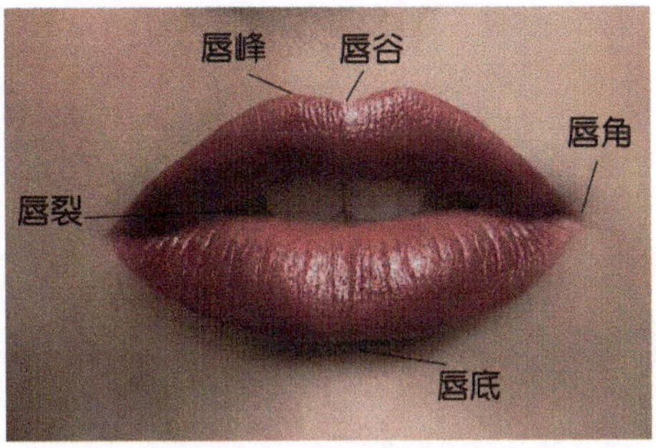

图 4-17　唇的结构

二、标准唇型

标准唇型如图 4-18 所示。一般来说，标准唇型给人以亲切、自然的印象，标准唇型有如下特征。

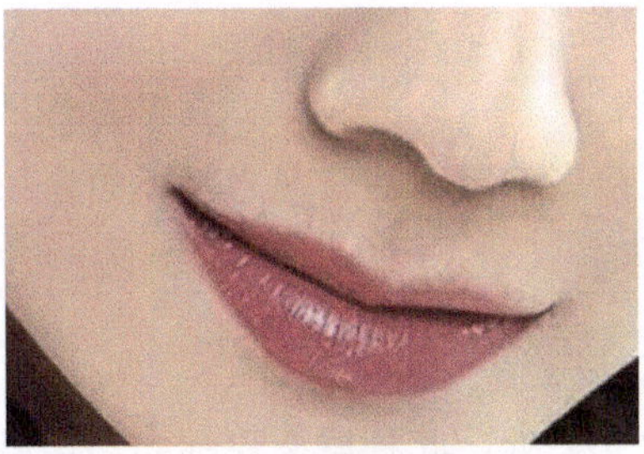

图 4-18　标准唇型

（一）唇裂的宽度

唇裂的宽度为当两眼平视正前方时，沿两侧瞳孔的内侧缘向下所作的垂直线之间的宽度。

（二）唇的厚度

唇的厚度大约是唇裂宽度的 1/2。中国人普遍认为下唇略厚于上唇为美，欧洲人则认为下唇的厚度应是上唇的两倍。

（三）唇峰的位置

唇峰的位置位于唇中线至唇角的 1/3 或 1/2 处，厚度在唇裂宽度的 1/4 以内。

（四）唇谷的位置

唇谷的位置位于唇中线上，高度是唇峰至唇裂宽度的 1/2。

（五）下唇中部

下唇中部的最低点位于唇中线上，厚度是唇裂宽度的 1/4。

三、唇线笔的作用

（1）使唇的轮廓显得清晰，选择比唇膏略深的颜色（同色系）可以增加立体感。
（2）弥补和矫正唇型的不足。
（3）防止唇膏向四周外溢。
（4）画唇线后比较容易画出唇的轮廓，并易修改。

四、唇部修饰的步骤与方法

（一）设计唇型

根据个人的自身条件，设计理想的唇型。

（二）确定唇峰的位置

在化妆中，唇峰的位置直接影响唇部的表现力，下面介绍几种唇峰的位置及唇型的表现风格。

1. 丰满唇型

唇峰位于唇中线至唇角的 1/2 处，此种唇型轮廓均匀，唇峰的高度和下唇相应位置厚度相同，给人较为丰满的感觉。

2. 性感唇型

唇峰位于唇中至唇角的 2/3 处，此种唇型有圆润、饱满和优美的微笑感，给人以热情的印象。

3. 敏锐唇型

唇峰凸出，略带尖锐倾向，唇角处稍向上提，给人以冷峻、严肃的印象。

（三）勾画唇线

勾画唇线如图 4–19 所示。

图 4-19　勾画唇线

1. 内描法

将轮廓线画在原有唇型稍内侧，适合于双唇大而厚的嘴唇。

2. 外描法

在唇的稍外侧描轮廓线，使唇部丰满起来，适合薄而小的嘴唇。

3. 直线法

按照唇型轮廓描出带锐角的直线，适合双唇大小适中的嘴唇。

4. 1/3 唇线法

这种唇型呈山形，起伏深，给人以感情丰富的感觉。

5. 1/2 唇线法

上唇山形最高处恰在口角和中心线中间，其高度与相应位置的下眉厚度相同，上下唇轮廓线匀称。

6. 2/3 唇线法

上唇山形高峰在眉中央到口角 2/3 的地方，给人以宽广、优美的感觉。

（四）涂唇膏

涂唇膏时可用唇膏笔蘸上唇膏，从唇角向唇中部涂抹，由外向内涂满。为了增加立体感，唇膏应分三层涂抹。

（1）第一层涂基底色，即用所要表现的颜色涂满全唇。

（2）第二层涂暗影色，涂抹的重点在唇角和唇的边缘，以增加立体感。

（3）第三层涂亮色，应涂于上唇唇峰的下面和下唇的中间，突出中间，使唇肌显得饱满。

五、唇部修饰的注意事项

（1）唇线的颜色要与唇膏颜色的色调一致，并略深于唇膏的颜色。

（2）唇线的线条要流畅，左右对称。

（3）唇膏的色彩变化规律应为上唇深于下唇、唇角深于唇中。

（4）唇膏的颜色要饱满，要充分体现唇部的立体感。

【任务实训】唇部的化妆修饰训练

训练名称	唇部的化妆修饰		
小组名称		组长	
组员			
实训时间	年　月　日一　年　月　日		
唇部的化妆修饰训练情况			

任务五

面颊的化妆修饰

知识点

1. 面颊
2. 面颊化妆
3. 腮红的晕染

技能点

1. 了解面颊、面颊化妆知识
2. 掌握腮红的晕染方法

面颊是展示脸部气色、立体感的重要部位，本任务对面颊的化妆修饰进行介绍。

任务思维导图

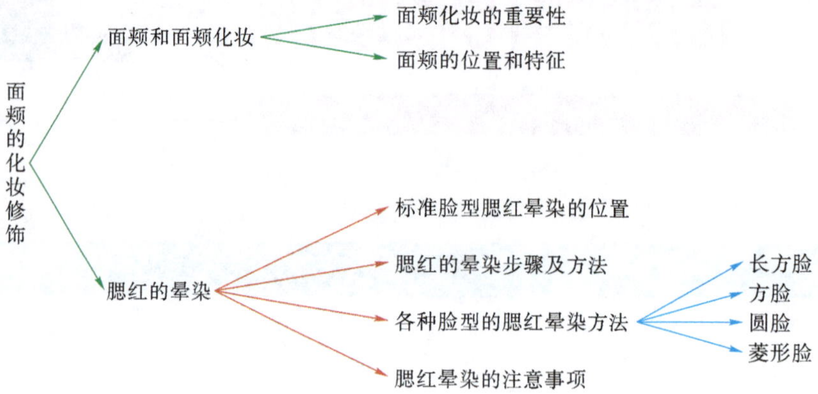
面颊的化妆修饰
面颊和面颊化妆
面颊化妆的重要性
面颊的位置和特征
腮红的晕染
标准脸型腮红晕染的位置
腮红的晕染步骤及方法
各种脸型的腮红晕染方法
长方脸
方脸
圆脸
菱形脸
腮红晕染的注意事项

一、面颊和面颊化妆

（一）面颊化妆的重要性

面颊是人类流露真实情感的重要部位，人在情绪波动时面颊会产生较明显的颜色变化。修饰面颊是展示人们神采并矫正脸型缺点的一种重要手段。

（二）面颊的位置和特征

面颊位于面部两侧，处于上颌骨与下颌骨的相交处，上至颧突眼眶下水平线，下至颌角，介于尖牙槽以外和外下颌角以内之间。面颊的外形宽而扁平，因人种、性别、年龄的不同会有很大的个体差异。

二、腮红的晕染

（一）标准脸型腮红晕染的位置

面颊一般用腮红晕染的手段来进行修饰。标准脸型的腮红晕染位置在颧骨上，笑时面颊能隆起的部位（高点）。

一般情况下，腮红晕染向上不可高于外眼角的水平线，向下不可低于嘴角的水平线，向内不能超过眼睛的 1/2 垂直线。在化妆时，腮红的晕染部位要根据个人的脸型而定。

（二）腮红的晕染步骤及方法

面颊是整个面部化妆涉及面积最大的部位，直接关系到妆面效果。健康的面颊看上去应该白里透红，因此腮红的晕染要清淡、自然、柔和。

腮红宜选择与个人肤色相近的色调。一般来说，白皙肤色应该配以温暖的古铜色或淡粉红的腮红；圆脸的腮红可用棕色，以达到使脸部显得较瘦的效果；瘦长脸可以用桃红、粉红等颜色的腮红使面部看起来红润、丰满。同时，腮红要与眼影、唇膏适量搭配使用。

（1）取同色系中较深的腮红，从颧弓下陷处开始，由发际线向内轮廓进行晕染。腮红晕染的效果如图 4-20 所示。

图 4-20　腮红晕染的效果

（2）取同色系中较浅的腮红，在颧骨上与步骤（1）所进行的晕染衔接，由发际线向内轮廓进行晕染。

（三）各种脸型的腮红晕染方法

1. 长方脸

长方脸腮红的晕染应以鬓发为起点，不可高过外眼角，横向晕染，增加脸部的柔和感，由颧骨往鼻子的方向刷。

2. 方脸

方脸腮红的晕染应以鬓发为起点，不可高过外眼角，斜纵向晕染，面积宜小，颜色宜浅淡。

3. 圆脸

圆脸腮红的晕染应以鬓发为起点，斜向晕染，面积不宜过大，由颧骨往脸中央刷，可以创造脸部的角度。

4. 菱形脸

菱形脸腮红的晕染应以鬓发为起点，不可高过外眼角，斜向晕染，应该将腮红由颧骨上方，顺着颧骨的曲线，向脸中央刷。

（四）腮红晕染的注意事项

（1）腮红的晕染要体现出面部的结构及三维效果，在外轮廓颧弓下陷处用色最重，到内轮廓时逐渐减弱并消失。

（2）应用胭脂刷的侧面蘸取及晕染腮红。

（3）腮红的晕染要自然、柔和，不可与肤色之间存在明显的边缘线。

【任务实训】面颊的化妆修饰训练

训练名称	面颊的化妆修饰		
小组名称		组长	
组员			
实训时间	年 月 日— 年 月 日		
面颊的化妆修饰训练情况			

任务六

矫正化妆

知识点

1. 脸型的矫正化妆
2. 眉型的矫正化妆
3. 眼型的矫正化妆
4. 鼻型的矫正化妆
5. 唇型的矫正化妆

技能点

1. 掌握脸型的矫正化妆方法
2. 掌握眉型的矫正化妆方法
3. 掌握眼型的矫正化妆方法
4. 掌握鼻型的矫正化妆方法
5. 掌握唇型的矫正化妆方法

矫正化妆存在于一切化妆中，是利用线条及色彩的明暗、层次的变化，在面部的不同部位制造视错觉，使面部优势得以发扬和展现，缺陷和不足得以改善的手段。

任务思维导图

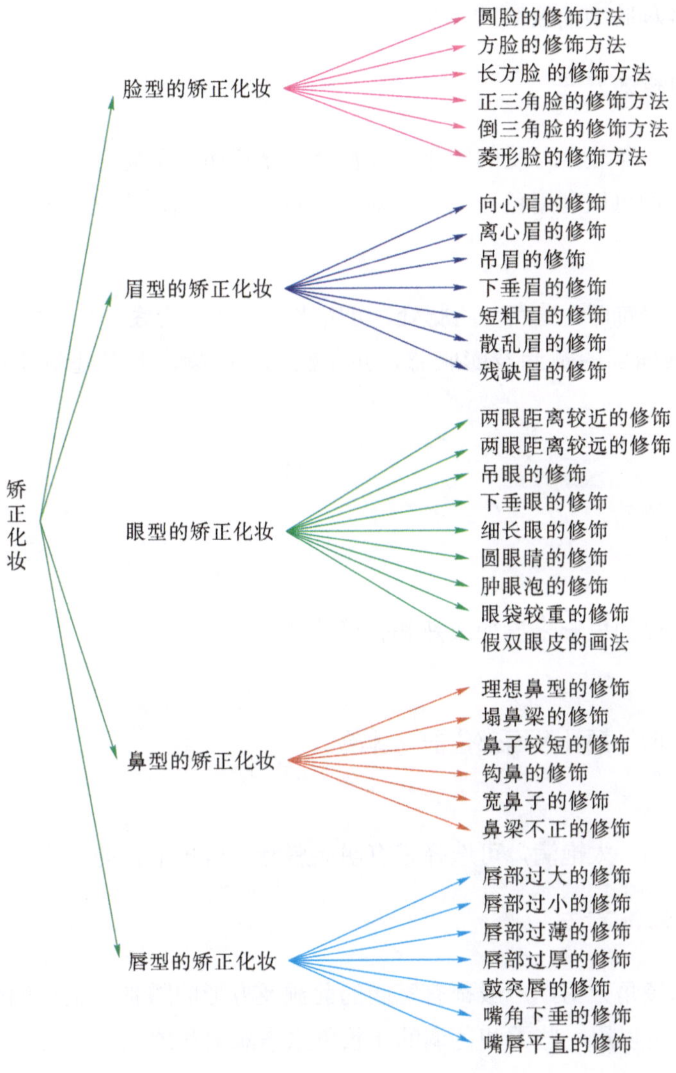
矫正化妆
脸型的矫正化妆
圆脸的修饰方法
方脸的修饰方法
长方脸 的修饰方法
正三角脸的修饰方法
倒三角脸的修饰方法
菱形脸的修饰方法
眉型的矫正化妆
向心眉的修饰
离心眉的修饰
吊眉的修饰
下垂眉的修饰
短粗眉的修饰
散乱眉的修饰
残缺眉的修饰
眼型的矫正化妆
两眼距离较近的修饰
两眼距离较远的修饰
吊眼的修饰
下垂眼的修饰
细长眼的修饰
圆眼睛的修饰
肿眼泡的修饰
眼袋较重的修饰
假双眼皮的画法
鼻型的矫正化妆
理想鼻型的修饰
塌鼻梁的修饰
鼻子较短的修饰
钩鼻的修饰
宽鼻子的修饰
鼻梁不正的修饰
唇型的矫正化妆
唇部过大的修饰
唇部过小的修饰
唇部过薄的修饰
唇部过厚的修饰
鼓突唇的修饰
嘴角下垂的修饰
嘴唇平直的修饰

一、脸型的矫正化妆

各种脸型都有其各自的特点。因此，人们需要通过整体设计，恰当运用化妆手段，发扬个性特征，弥补各种脸型的缺陷和不足。

（一）圆脸的修饰方法

圆脸的人常给以年轻、可爱的印象，因整个面庞圆润、少棱角，缺少成熟、稳重的气质，因此在修饰时，我们可以利用色彩的明暗对比及较冷色系的色彩来改变这种印象。

1. 粉底

在对圆脸进行修饰时，重点在两腮处，可用比面部基础粉底深几号的阴影色涂于两腮处，制造阴影，以缩减面部的圆润及膨胀感，并在额部、鼻梁、下巴处整体加高光色以体现立体感。

2. 眉

眉型可采用上挑眉。

3. 眼睛

眼影可选择较冷的色彩来增加成熟和收缩的感觉。

4. 腮红

腮红的晕染要增加颧骨及面部位的立体感。

5. 口红

唇不宜画得太圆、太饱满，可选择带有明显唇峰和唇角上扬的唇型。

（二）方脸的修饰方法

方脸的人面部棱角分明，一般都有宽阔的前额及方形的腭骨，整体的感觉刚硬有余，柔美不足，在修正时可以用一些柔和色调的化妆色来增添柔和的气质。

1. 粉底

方脸的人同样需要用阴影色来掩饰两腮处突出的部分，并且在宽阔的额角也要用阴影色来制造圆润的效果。

2. 眉

眉型可采用略微上挑的柔和眉，既与脸型相配，又中和了方脸过于棱角的感觉。

3. 眼睛

眼影可选择一些较暖、较柔和的色彩。

4. 腮红

腮红的位置可略高一些。

5. 口红

可画出圆润饱满的唇型。

（三）长方脸的修饰方法

长方脸的人容易给人以老成、刻板的印象，整个面部缺乏柔和、生动的感觉，在修饰时可以用一些鲜明的色彩来调整。

1. 粉底

可选用带有浅色调的柔和粉底，并在前额、下巴处涂阴影色以调整脸的长度感。

2. 眉

眉型宜选用平直的一字眉。

3. 眼睛

眼部修饰的重点应在外眼角，并以鲜明的色彩来强调。

4. 腮红

腮红的位置应在颧骨的下方，并作横向晕染。

5. 口红

口红的色彩可以柔和浅淡一些，以此削弱长方脸给人带来的老成感。

（四）正三角脸的修饰方法

此种脸型又称为“梨形脸”，脸部形状上窄下宽，给人以憨厚可爱的印象，但缺少生动感。

1. 粉底

正三角脸修饰的重点在于较宽的两腮处，可以用阴影色进行遮盖，面部的T形部位用浅亮色进行提亮。

2. 眉

可以选择上扬、带有一定弧底的眉型。

3. 眼睛

眼影修饰的重点可放在外眼角，以此加宽额部的宽度。

4. 腮红

腮红的位置与圆脸相同，作纵向晕染。

5. 口红

可以选用稍带棱角的唇型。

（五）倒三角脸的修饰方法

倒三角脸与正三角脸恰好相反，它就是我们所说的“瓜子脸”。脸型的额部较宽，但下巴窄而尖，给人以十分秀气的印象，但难免会有单薄、柔弱的感觉。

1. 粉底

可在前额两侧涂阴影色，在两腮处涂以亮色来修饰。

2. 眉

眉不宜画得太长，可加重眉头色度。

3. 眼睛

眼影描绘的重点应在内眼角处。

4. 腮红

腮红的位置可按颧骨本来的位置作晕染。

5. 口红

嘴唇不宜画得太大，并且可选择柔和色调的唇色。

（六）菱形脸的修饰方法

菱形脸的特点是上额宽，下额部较窄，颧骨部位又十分突出，整个脸型形似“枣核”，显得十分精明、清高，但缺少亲切、可爱的感觉。

1. 粉底

可在前额部位及下额处涂亮色，颧骨部位的两侧涂阴影色来修饰脸型。

2. 眉

眉不可过于高挑，眉峰的位置可略向后一些。

3. 眼睛

眼影的色彩宜选用浅淡的柔和色调，并将重点放在外眼角。

4. 腮红

腮红的位置可涂于颧骨上，以掩饰颧骨的高度。

5. 口红

嘴唇宜画得圆润、丰满，并选择柔和色调的唇膏。

二、眉型的矫正化妆

（一）向心眉的修饰

1. 向心眉的特征

两条眉毛向鼻根处靠拢，其间距小于一只眼的长度，使五官显得过于紧凑而不舒展。

2. 向心眉的修饰

如图 4–21 所示，先将眉头处多余的眉毛除掉，加大两眉间的距离，再用眉笔描画，将眉峰的位置略微向后移，眉梢可适当加长。

图 4–21 向心眉的修饰

（二）离心眉的修饰

1. 离心眉的特征

两眉头间距过远，大于一只眼的长度，使五官显得分散，容易给人留下不太聪明的印象。

2. 离心眉的修饰

如图 4–22 所示，由于离心眉的眉头距离过远，故要在原眉头前画出一个“人工”眉头，描画时要格外小心，循序渐进，浓淡适宜，否则会显得生硬、不自然。离心眉的修饰要点是将眉峰略向前移，眉梢不要拉长。

图 4–22 离心眉的修饰

（三）吊眉的修饰

1. 吊眉的特征

眉头低，眉梢上扬，使人显得有精神，但过于吊起的眉则使人显得尖锐，不够和蔼可亲。

2. 吊眉的修饰

如图 4–23 所示，修饰吊眉时可将眉头下方和眉梢上方的眉毛除去，眉峰以下适当填补，描画时要侧重描画眉头上方和眉梢下方，这样可以使眉头和眉梢基本保持在同一水平线上。

图 4–23　吊眉的修饰

（四）下垂眉的修饰

1. 下垂眉的特征

眉梢低于眉头的水平线，使人显得亲切，但过于下垂会使面容显得忧郁、愁苦，没精神。

2. 下垂眉的修饰

如图 4–24 所示，修饰下垂眉时应去除眉头上面和眉梢下面的眉毛，在眉头下面和眉梢上面的部分要适当补画，适当补画眉峰，使眉头和眉梢在同一水平线上或眉梢略高于眉头。

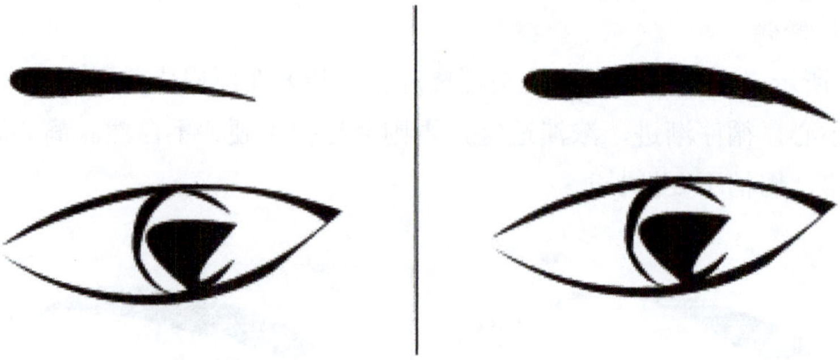

图 4–24　下垂眉的修饰

（五）短粗眉的修饰

1. 短粗眉的特征

眉型短而粗，显得不够生动，会使女性看起来有些男性化。

2. 短粗眉的修饰

如图 4–25 所示，修饰短粗眉时可根据标准眉型的要求将多余的部分修掉，然后用眉笔补画出缺少的部分。短粗眉修饰的重点是修剪与描画。

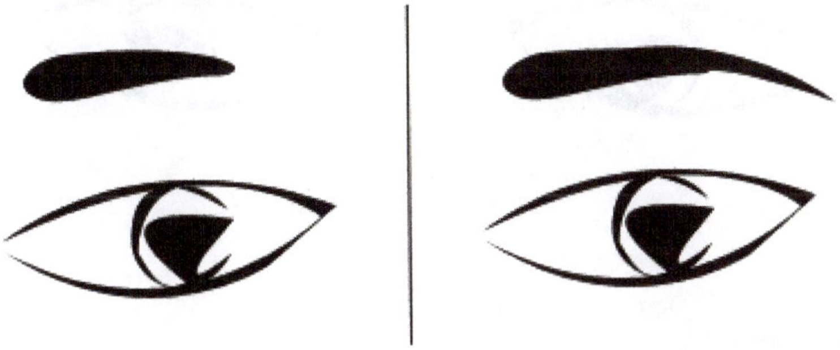

图 4–25　短粗眉的修饰

（六）散乱眉的修饰

1. 散乱眉的特征

眉毛生长杂乱，缺乏轮廓感及立体的外部形态，使五官看起来不够清晰。

2. 散乱眉的修饰

如图 4–26 所示，修饰时要先按标准眉型的要求将多余的眉毛去掉，用眉梳梳顺，再用眉笔加重眉毛的色调，画出理想的眉型。

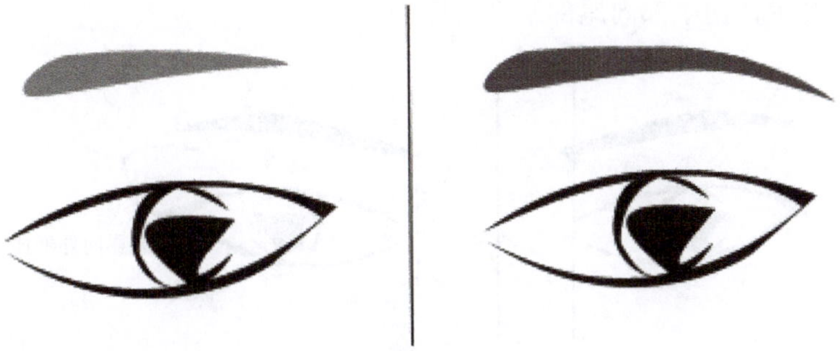

图 4–26　散乱眉的修饰

（七）残缺眉的修饰

1. 残缺眉的特征

残缺眉是指由于疤痕或眉毛本身的生长不完整使眉毛的某一段出现残缺的现象。

2. 残缺眉的修饰

如图 4–27 所示，修饰时应先用眉笔在残缺处淡淡描画，再对整条眉进行描画，使眉型自然流畅。

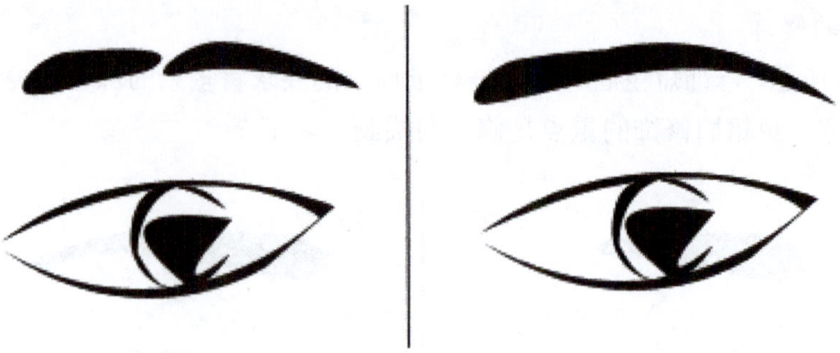

图 4-27　残缺眉的修饰

三、眼型的矫正化妆

（一）两眼距离较近的修饰

1. 两眼距离较近的特征

两眼间距小于一只眼的长度，使面部五官看似较为集中，给人以严肃甚至不和善的印象。

2. 两眼距离较近的修饰

如图 4-28 所示，靠近内眼角的眼影用色要浅淡，要突出外眼角眼影的描画，并将眼影向外拉长；上眼线的眼尾部分要加粗加长，靠近内眼角部分的眼线要用细线；下眼线的内眼角部分不描画，只描画整条眼线的 1/2 或 1/3 长，靠近外眼角部分加粗加长，眼影的晕染可强调外眼角，并拉长睫毛，由中部向尾部晕染略厚些。

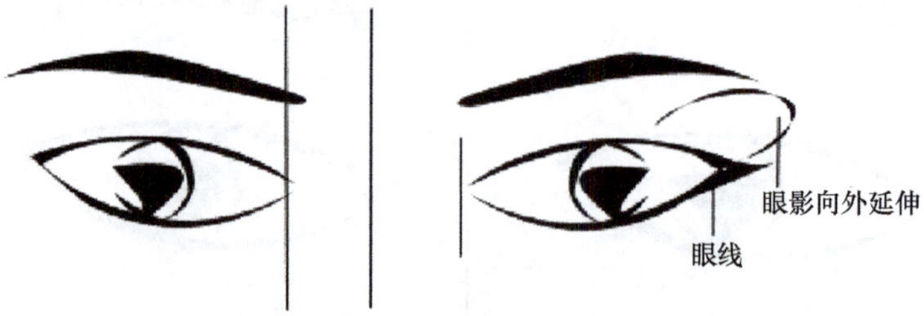

图 4-28　两眼距离较近的修饰

（二）两眼距离较远的修饰

1. 两眼距离较远的特征

两眼间距宽于一只眼的长度，使五官显得分散，面容显得无精打采、松懈、迟钝。

2. 两眼距离较远的修饰

如图 4-29 所示，靠近内眼角的眼影是描画的重点，要突出一些，外眼角的眼影要浅淡些，并且不能向外延伸；上、下眼线在内眼角处要略粗一些，在外眼角处则要相对细浅一些，不宜向外延长；睫毛的粘贴也重点强调内眼角，外眼角的睫毛可以不粘贴。

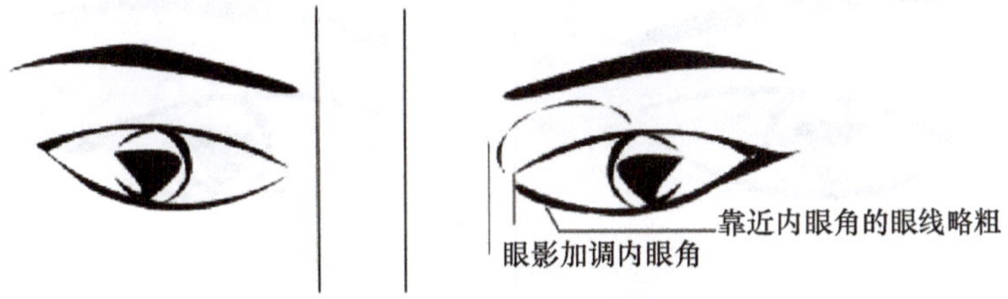

图 4-29　两眼距离较远的修饰

（三）吊眼的修饰

1. 吊眼的特征

外眼角明显高于内眼角，眼部呈上升状。吊眼的人目光显得机敏、锐利，但如果眼部上升明显，就会给人以严厉、尖锐、冷漠的印象。

2. 吊眼的修饰

如图 4-30 所示，内眼角上侧和外眼角下侧的眼影的描画应突出一些，这样会使上扬的眼部轮廓得到改善。描画上眼线时，内眼角处要描画得略粗，外眼角处要描画得略细；下眼线的内眼角处要描画得细浅一些，外眼角处要描画得粗重一些，并且眼尾处的下眼线不与睫毛根重合，而应止于睫毛根的下侧。

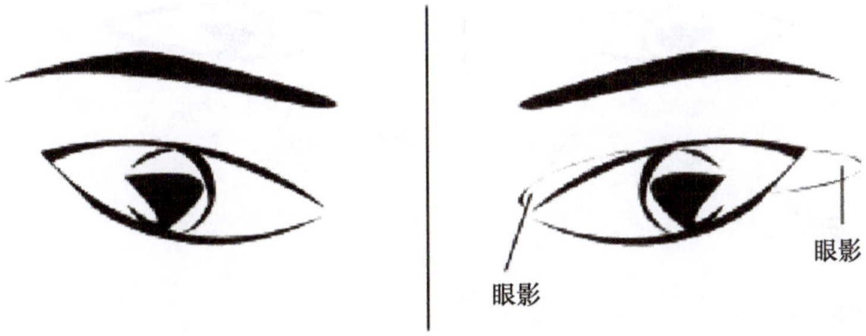

图 4-30　吊眼的修饰

（四）下垂眼的修饰

1. 下垂眼的特征

外眼角明显低于内眼角，眼部呈下垂状。眼略有下垂使人显得和善、平静，但如果眼部下垂明显，就会使人显得呆板、无神和衰老。

2. 下垂眼的修饰

如图 4-31 所示，内眼角的眼影颜色要暗，面积要小，位置要低，外眼角的眼影色彩要突出，并尽量向上晕染；描画上眼线时，内眼角要描画得细浅些，外眼角处要描画得宽些，眼尾部的眼线要在睫毛根的上侧画；下眼线内眼角处略细。另外，还可以在眼尾处贴美目胶带，以提升外眼角的高度。

图 4-31　下垂眼的修饰

（五）细长眼的修饰

1. 细长眼的特征

眼睛细长，看起来有眯眼的感觉，使人的面容缺乏神采。

2. 细长眼的修饰

如图 4-32 所示，上眼睑的眼影与睫毛根之间有一些空隙，下眼睑眼影从睫毛根下侧向下晕染得略宽些，宜使用偏暖色，采用水平晕染法；上、下眼线的中间部位应描画得略宽，两侧眼角则应画得细些，不宜向外延长。

图 4-32　细长眼的修饰

（六）圆眼睛的修饰

1. 圆眼睛的特征

内眼角与外眼角的间距小，使人显得比较机灵，但也会给人留下不够成熟的印象。

2. 圆眼睛的修饰

如图 4-33 所示，眼睑的内、外眼角的眼影色彩要突出，并向外晕染，上眼睑中部不宜使用亮色，下眼睑的外眼角处的眼影用色要突出并向外晕染；上眼线在内、外眼角处要描画得略粗，中部则要画得平而细。下眼线只画 1/2 长，靠近内眼角不画，外眼角处眼线要描画得略粗。

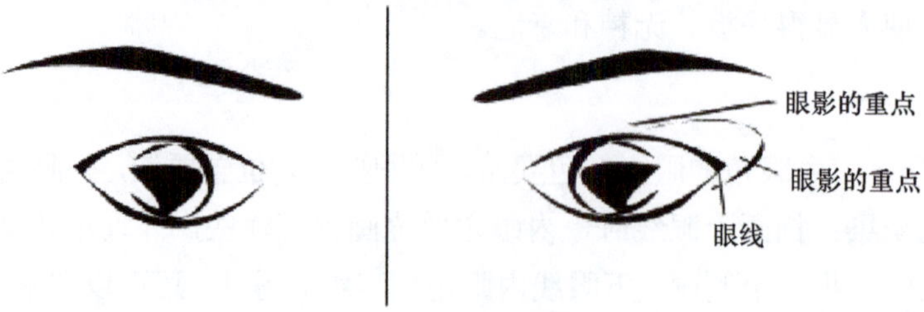

图 4-33　圆眼睛的修饰

（七）肿眼泡的修饰

1. 肿眼泡的特征

上眼皮的脂肪层较厚或眼皮内含水分较多，使眼球露出体表的弧线不明显，人显得浮肿松懈，没有精神。

2. 肿眼泡的修饰

如图 4–34 所示，用深色眼影从睫毛根部向上水平晕染，逐渐淡化，眉骨部涂亮色，肿眼泡的人应尽量不用红色系的眼影；上眼线的内外眼角略宽，眼尾高于眼睛轮廓，眼睛中部的眼线要细而直，尽量减少弧度，下眼线的眼尾略粗，内眼角略细。

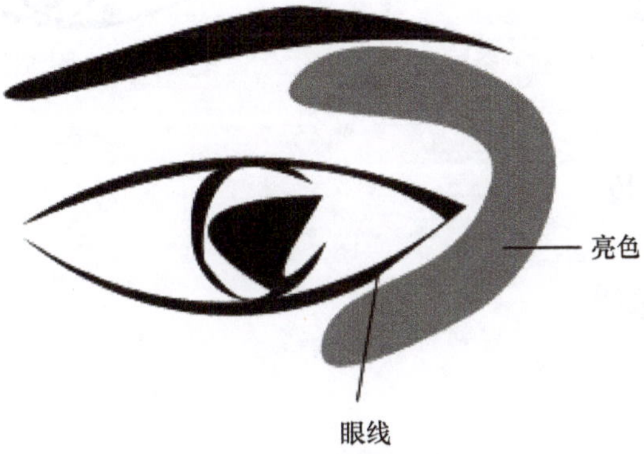

图 4–34　肿眼泡的修饰

（八）眼袋较重的修饰

1. 眼袋较重的特征

眼袋突出的人下眼睑脂肪堆积，使人显老，缺少生气。

2. 眼袋较重的修饰

如图 4–35 所示，眼袋突出的人的眼影适合柔和浅淡，不宜过分强调，咖啡色或米色会比较合适。画眼线时注意上眼线的内眼角略细，眼尾略宽，下眼线的内眼角描画略宽并向下，眼睛中部宜平直，不能画成弧形。

图 4–35　眼袋较重的修饰

（九）假双眼皮的画法

对于单眼皮或形状不够理想的双眼皮，在上眼睑处画出一条双眼皮的棕色线的方法，称为假双眼皮的画法。假双眼皮的具体画法是：在上眼睑画一条线（见图 4–36），这条线的位置要以假双眼皮的宽窄而定。如果想双眼皮宽一些，这条线就要高；反之，就低一些。如图 4–37 所示，晕染眼影时，在画线以下部分涂浅亮的颜色，这样就会使假双眼皮的效果更明显。

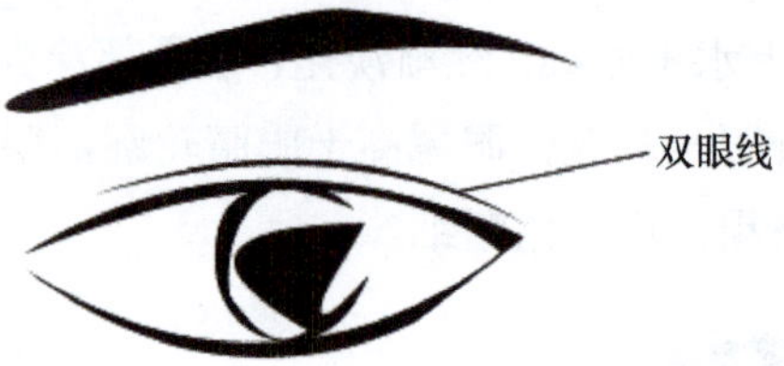

图 4–36　在上眼睑画一条线

图 4–37　假双眼皮的眼影晕染

四、鼻型的矫正化妆

（一）理想鼻型的修饰

1. 理想鼻型的特征

理想的鼻型是鼻尖高度相当于鼻长度的 1/2，理想的鼻宽相当于鼻长度的 70%，这样的鼻子会让脸部呈现立体生动的感觉。

2. 理想鼻型的修饰

如图 4–38 所示，鼻梁两侧涂浅棕色或橄榄绿色鼻影，与眉头衔接自然，上下晕染，鼻梁上略加亮色，衔接柔和，突出鼻的美感。

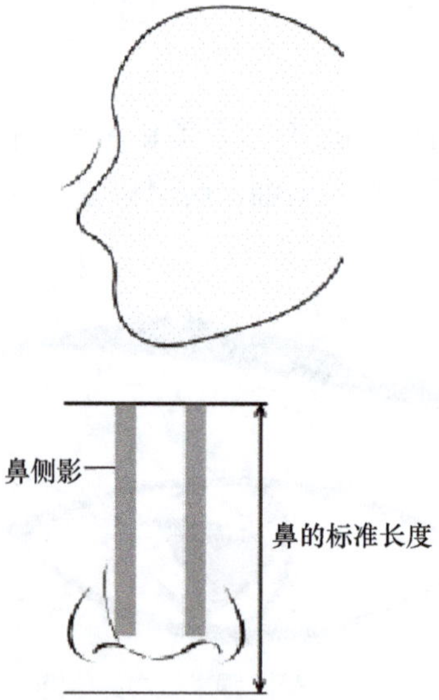

图 4–38　理想鼻型的修饰

（二）塌鼻梁的修饰

1. 塌鼻梁的特征

鼻梁低平，面部凹凸，层次严重失调，使面部显得呆板，缺乏立体感和层次感。

2. 塌鼻梁的修饰

在鼻梁侧涂上阴影色，内眼角眼窝处加深，上与眉相接，两边与眼影混合，在两眉之间的鼻梁上涂亮色，过渡宜自然，以营造视觉立体感。

（三）鼻子较短的修饰

1. 鼻子较短的特征

鼻子的长度小于面部长度的 1/3，即常说的“三庭”中的中庭过短，鼻子较短会使五官显得集中，同时使鼻子显得过宽。

2. 鼻子较短的修饰

用阴影色晕染鼻两侧，面积稍宽，用亮色涂鼻梁，亮色在晕染的过程中要大些、长些，但鼻梁亮色不宜太明显，这样反而会失真，另外画眉毛时可适当高挑些。

（四）钩鼻的修饰

1. 钩鼻的特征

鼻根较高，鼻梁上端窄而突起，鼻头较尖并弯曲呈钩状，鼻中隔后缩，使面容缺乏柔和感，显得较为冷酷。

2. 钩鼻的修饰

用阴影色收敛鼻根两侧，用亮色涂鼻梁上端较窄处和凹陷处，鼻尖的颜色可以选择深一点的颜色。

（五）宽鼻子的修饰

1. 宽鼻子的特征

鼻翼的宽度超过 1/5，使面部缺少秀气的感觉。

2. 宽鼻子的修饰

如图 4–39 所示，用明色涂抹鼻梁，因鼻梁稍宽，用暗色涂鼻梁和鼻翼两侧，使鼻头显得纤巧些。

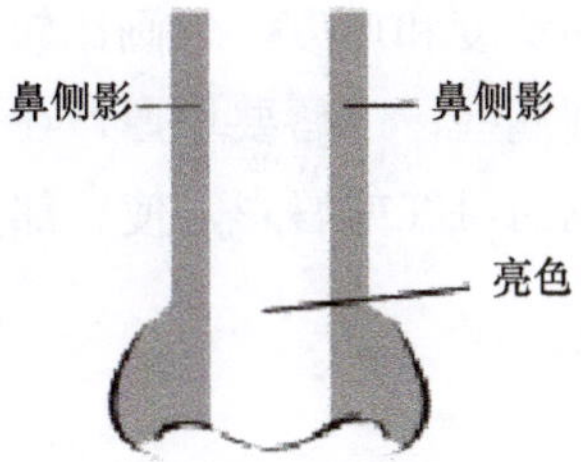

图 4–39 宽鼻子的修饰

（六）鼻梁不正的修饰

如图 4–40 所示，修饰鼻梁不正时，要注意鼻梁歪斜的方向，鼻梁歪向哪一侧，哪一侧的鼻侧影就要略浅于另一侧，亮色要涂在鼻梁的中心线上。

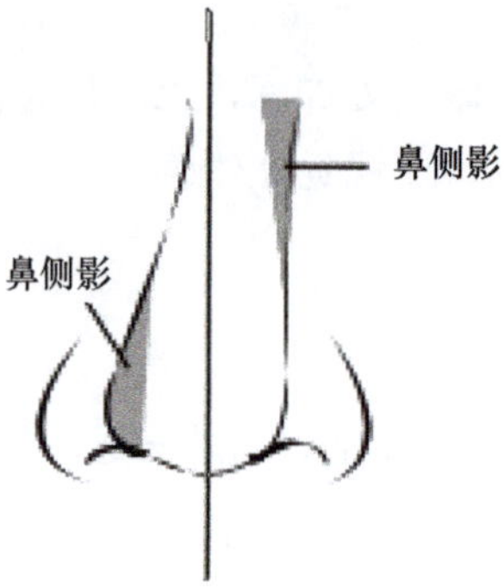

图 4–40　鼻梁不正的修饰

五、唇型的矫正化妆

（一）唇部过大的修饰

1. 唇部过大的特征

唇有立体感，显得性感饱满。

2. 唇部过大的修饰

重点在于用遮盖的手法调整唇部的厚度，并强调唇部的立体感，形成一定的棱角。在涂底色时用粉底遮盖唇部的边缘，用唇刷直接勾画唇部轮廓，将唇部轮廓向内侧勾画，不要用珠光很强的浅色唇彩。

（二）唇部过小的修饰

1. 唇部过小的特征

上唇与下唇的宽度过于单薄，嘴唇的外形过于短小。

2. 唇部过小的修饰

重点在于利用唇线调整唇部的宽度和厚度，勾画比较丰满的唇部。用唇线笔将轮廓线向外扩展，上唇的唇线可以描画得圆润些，下唇要增厚，在需要扩充的部位选用略深的口红与唇色相接，唇中部可以用淡珠光色的口红或唇彩，使唇部更显丰满。

（三）唇部过薄的修饰

1. 唇部过薄的特征

上唇与下唇过于单薄，使面部缺少立体感。

2. 唇部过薄的修饰

修饰时可选用略深于唇膏颜色的唇线笔在原唇部轮廓外缘进行描画，上唇唇线可描画得圆润些，下唇唇线宜描画为船形。选用略深色的唇膏沿唇线边缘向里晕染，注意与唇线的衔接，唇中部可用淡色珠光唇膏或唇彩，使嘴唇看起来较为丰润。

（四）唇部过厚的修饰

1. 唇部过厚的特征

唇型有体积感，显得性感饱满，但过于肥厚的嘴唇，会使人缺少秀美的感觉。

2. 唇部过厚的修饰

先在唇部涂粉底遮盖原唇部的轮廓，后用唇线笔在原唇内侧描画略小于原唇部轮廓的唇线，但距离不可拉得过大，否则会失真。唇色应选用不含珠光的深色粉质唇膏。

（五）鼓突唇的修饰

1. 鼓突唇的特征

唇中部外翻、突起，易形成噘嘴。

2. 鼓突唇的修饰

唇线不宜选用深色，可处理得模糊些，以产生凹凸的效果。唇膏颜色宜选用中性色，不宜选用鲜艳的颜色或珠光色。此外，可加强眼部的修饰，转移他人对嘴唇的关注。

（六）嘴角下垂的修饰

1. 嘴角下垂的特征

嘴角下垂，给面部增添一种悲伤色彩。

2. 嘴角下垂的修饰

重点在于调整嘴角高度。在打粉底时，可以在嘴角处用亮色提亮，画上唇线时，唇峰略微压低，唇角略微提高，嘴角向内收；描画下唇线时，唇角向内收敛与上唇线交会，唇中部的唇色要比唇角略浅，以突出唇的中部。

（七）嘴唇平直的修饰

1. 嘴唇平直的特征

唇部轮廓平直，唇峰不明显，缺乏曲线美。

2. 嘴唇平直的修饰

重点在于强调唇部的轮廓结构。勾画上唇线时，用唇线笔勾画唇峰，并把唇角向里收，下唇画成船形。

【任务实训】矫正化妆训练

训练名称	矫正化妆		
小组名称		组长	
组员			
实训时间	年　　月　　日—　　　年　　月　　日		
矫正化妆 训练情况			

【项目实训】民航工作人员的面部妆容

【实训目标】 （1）了解常用的面部妆容化妆品和化妆工具。 （2）掌握脸部各个部位化妆的要求和技巧。
【实训内容与要求】 （1）以小组为单位开展实训。 （2）两人一组进行面部的不同部位的妆容设计。
【实训成果与检测】 召开化妆成果展示会，由教师根据每位学生的表现进行评估打分。

复习计划表

任务一　眉部的勾画与修饰
复习时间________年____月____日—________年____月____日
复习知识点
复习技能点
复习札记
复习自我评价
任务二　眼部的化妆修饰
复习时间________年____月____日—________年____月____日
复习知识点
复习技能点
复习札记
复习自我评价

续表

任务三　鼻部的化妆修饰
复习时间________年____月____日—________年____月____日
复习知识点
复习技能点
复习札记
复习自我评价
任务四　唇部的化妆修饰
复习时间________年____月____日—________年____月____日
复习知识点
复习技能点
复习札记
复习自我评价

续表

任务五　面颊的化妆修饰
复习时间________年_____月_____日—________年_____月_____日
复习知识点
复习技能点
复习札记
复习自我评价
任务六　矫正化妆
复习时间________年_____月_____日—________年_____月_____日
复习知识点
复习技能点
复习札记
复习自我评价

项目五　民航工作人员的仪容塑造

项目导入

本项目系统阐述民航工作人员的仪容塑造知识。民航工作人员应根据职业特点和工作规范来搭配服饰，选择适合工作的发型，以美化职业形象。民航工作人员还要利用服饰和面部表情来体现自身文化素养和审美品位。

项目目标

- **能力目标：**

1. 民航工作人员要能够选择适合自己的发型；
2. 民航工作人员要能够在服务中展现合适的面部表情。

- **知识目标：**

1. 掌握工作装的相关知识；
2. 掌握洗发的步骤；
3. 掌握民航工作人员面部表情的塑造知识。

项目知识模块关联图

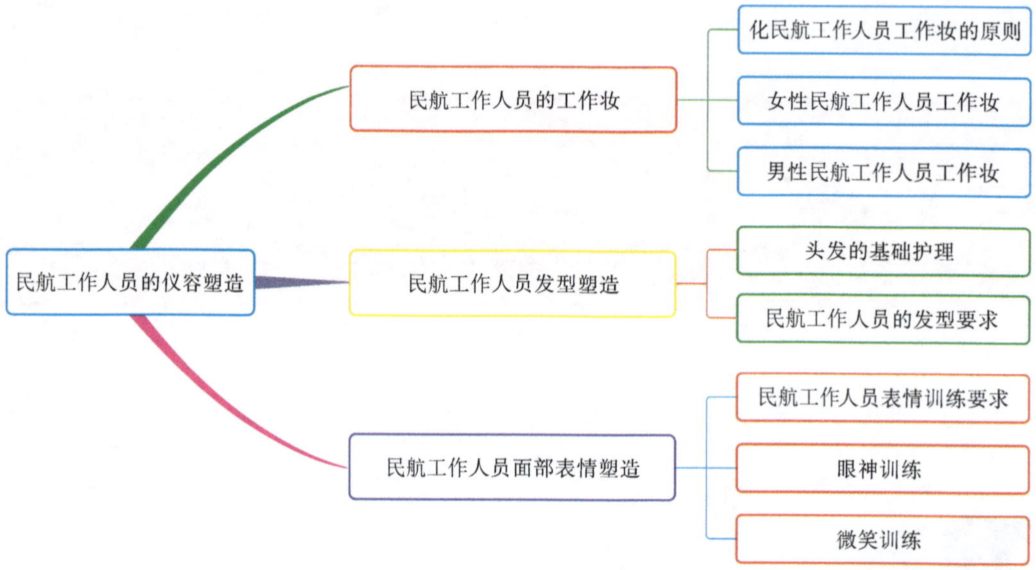
民航工作人员的仪容塑造
民航工作人员的工作妆
化民航工作人员工作妆的原则
女性民航工作人员工作妆
男性民航工作人员工作妆
民航工作人员发型塑造
头发的基础护理
民航工作人员的发型要求
民航工作人员面部表情塑造
民航工作人员表情训练要求
眼神训练
微笑训练

任务一

民航工作人员的工作妆

知识点

1. 化民航工作人员工作妆的原则
2. 女性民航工作人员工作妆
3. 男性民航工作人员工作妆

技能点

1. 了解化民航工作人员工作妆的原则
2. 掌握化女性、男性民航工作人员工作妆的方法

民航工作妆是民航工作人员日常工作的妆种，学会化民航工作妆是每一位民航工作人员必备的技能。

任务思维导图

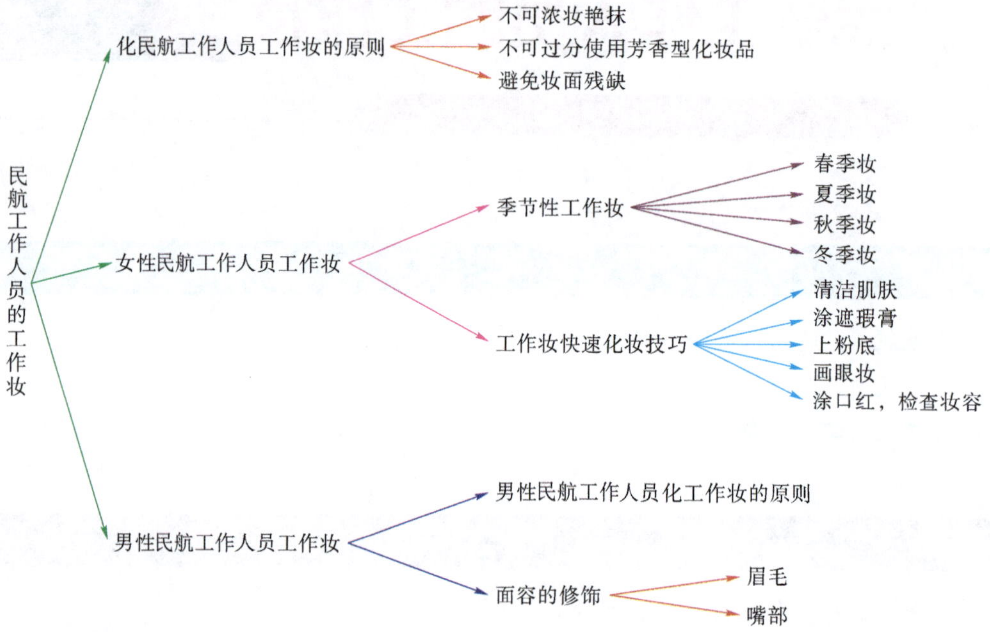
民航工作人员的工作妆
化民航工作人员工作妆的原则
不可浓妆艳抹
不可过分使用芳香型化妆品
避免妆面残缺
女性民航工作人员工作妆
季节性工作妆
春季妆
夏季妆
秋季妆
冬季妆
工作妆快速化妆技巧
清洁肌肤
涂遮瑕膏
上粉底
画眼妆
涂口红，检查妆容
男性民航工作人员工作妆
男性民航工作人员化工作妆的原则
面容的修饰
眉毛
嘴部

一、化民航工作人员工作妆的原则

（一）不可浓妆艳抹

化妆通常可分为晨妆、晚妆、上班妆、舞会妆等多种形式。这些化妆形式在浓淡程度和化妆品的选择、使用上都存在一定差异。一般来说，要求民航工作人员在服务时化淡妆，妆容要简约、清丽、素雅，具有鲜明的立体感，既要给人留下深刻的印象，又不能显得脂粉气太浓。民航工作人员的工作妆要以淡雅传神为主，要恰到好处地展现民航工作人员的风采和魅力，同时又不能过分引人注目。

切记化淡妆而不是化浓妆，倘若对此不细致要求，就会严重影响民航工作人员良好的形象，不利于工作的顺利开展。

（二）不可过分使用芳香型化妆品

民航工作人员在工作时，使用任何化妆品都不可过量，特别是香水等。交通工具是一个相对封闭的空间环境，如果民航工作人员在工作时过量地使用香水，很可能会引起乘客的反感，还有可能会使乘客感到身体不适等。在交通工具内，民航工作人员身上的香味应在 1 m 以内才能被对方闻到为宜，如果在 3 m 以外还能被对方闻到，就说明香水使用过量。

民航工作人员使用香水应注意两点：一是要选择类型适当的香水，如淡香型、花香型的香水都比较适合民航工作人员使用；二是使用香水的剂量不宜过大，要将香水用在当用之处，即便只是一两滴亦能见效，且不可同时使用几种香水。

（三）避免妆面残缺

工作中，民航工作人员维护自己妆面的完整是非常必要的。民航工作人员在饮水、用餐后一定要及时为自己补妆。否则妆面深浅不一、残缺不堪，必定会给乘客留下不好的印象。这样不仅影响自身的形象，还会破坏民航工作人员在乘客心目中的形象。

二、女性民航工作人员工作妆

民航工作人员中女性占的比例很大，每位女性都有自己独特的魅力，因此要根据自己的特点来设计自己的妆容，但作为民航工作人员，在工作中必须严格遵循民航工作人员工作妆的化妆原则，化出美丽、得体的妆容，也要根据季节的不同化出适当的妆容。在遇到春运和节假日出行高峰的时候，民航工作人员工作任务增多，经常要加班，因此还应掌握以最短的时间化出得体的工作妆的能力。

（一）季节性工作妆

1. 春季妆

由于春季多为阴冷、多风、干燥的气候，皮肤容易出现失调的情况，皮肤紧绷、粉刺加重、皮肤过敏等症状都是由于气候变化所致，因此春季是皮肤最敏感、脆弱的时候。春季妆在色调上要以柔和明快为主，突出甜美粉嫩的妆面效果。

（1）保持面部的滋润度。在春季，冷风很容易带走皮肤上的水分，使皮肤变得干燥、暗黄，因此需要选用一些有特殊效果的保湿化妆品来改善皮肤的状况，让皮肤恢复水嫩。在选择洁面品、润肤霜时尽量选用性质温和兼具保湿成分的产品，也可以选择一些有修复受损细胞功能的低油度面霜，并在化妆前使用具有补水效果的保湿化妆水。晚间的保养则应选用水质保养品，让皮肤得到充分的休息。

（2）修正面色基调。由于春季皮肤容易缺水、过敏，肤色的基调仍与冬季有些类似，如皮肤发黄、长痘等现象，为保护肌肤和妆面的效果，应学会在上粉底之前用修正液（抑制色）修饰面色。

在做完洁肤、润肤后就该使用修正液了，按照色彩互补的原则，修正液的颜色通常选用淡绿色，当然，除了淡绿色外，还可根据具体情况选择其他颜色的修正液来进行修饰。脸色晦暗泛黄，可以用紫色修正液；如肤色不均匀或有小雀斑，则可以选用修饰效果较强的黄色修正液。把修正液涂抹在脸上，可将不健康的肤色进行适当的修正。之后，再打上一层薄薄的粉底，最好再选用透气性较好的蜜粉进行定妆，这样整个妆面会使人感觉皮肤很通透、自然。粉底适宜选用干湿两用粉底，以保持面部干爽不腻，避免粘住太多灰尘和杂质。

（3）借助各式彩妆烘托脸部自然的光泽。每个细节都不能放过，双眼、嘴唇甚至颈部也是化妆的重点。因此，要选含亮光成分的化妆品，如使用液体唇膏或水润的果冻唇彩、有华丽金粉片与光泽珍珠素的眼影和粉底。总之，要尽量通过化妆品的特殊亮光成分提亮肌肤的色泽。

（4）注意妆色要鲜亮明快。从乘客的心理来看，刚从冬季走出的人们需要摆脱冬季的压抑，民航工作人员整个妆面色调鲜亮明快，在一定程度上可以提升乘客的心情指数，有利于拉近民航工作人员与乘客之间的距离，因此，要尽量选用暖色调的化妆品。

2. 夏季妆

夏季气候潮湿、炎热，人体内血液循环加快，皮肤分泌汗液与皮脂增加，脸上经常出汗或是出油，妆面易脱而难持久，同时夏天是皮肤炎症高发的季节，所以夏天化妆更应注意细节。

（1）夏季一般应该少用油质太重的化妆品，防止因阻塞毛孔引起的粉刺、痤疮的出现。初夏时节可选用含粉质的或霜类化妆品；盛夏宜选用含水量多、含油质少的乳液或蜜。

（2）夏季化妆应以淡妆为宜，这样可以给人清爽的感觉，在整个脸部稍微加一点色彩，使轮廓看起来健康、明快、有神便可。

（3）夏季妆容要注意皮肤的护理。夏季时血液流通较快，新陈代谢比较旺盛，油脂分泌也会增加，因此，在夏季更应注意肌肤的护理，选用具有深层清洁效果的洁面产品对皮肤进行清洁，同时要选用具有收敛作用的化妆水保持皮肤的平衡。民航工作人员由于工作的需要，长时间处在带妆的情况下，除了需要进行很好的洁肤外，还要及时给皮肤补充营养，食物营养和做面膜都是很有必要的。

（4）夏季的防晒也是非常重要的。虽然民航工作人员的工作环境是在交通工具内，但是在夏季对皮肤进行防晒保护是绝对不能忽略的。在夏季，由于紫外线的照射特别强烈，要尽量避免长时间的太阳照射。皮肤被强烈的阳光晒过后会受伤，造成皮肤干燥、起斑、长皱纹。当皮肤处在太阳照射下，应对皮肤采取一些保护措施，如擦上防晒霜，手腿擦防晒油，外出时要戴上太阳帽或是带上一把防晒伞以挡住阳光的直射，减少紫外线对皮肤的伤害。

（5）夏季面部的化妆要以清爽为主。在粉底的选择上建议选用水质无油的粉底液或珍珠色的水粉饼；眉毛也宜画得淡雅，可采用两次画眉法，第一次淡淡地画好后要扑上少许蜜粉，接着画第二次，这样画出来的眉毛才不会因出汗多而花掉。夏季出汗较多不宜多涂腮红，可以在头发边或眼下擦一点浅红色粉质腮红。化好妆后一定要用透明粉饼定妆，然后用化妆纸轻轻按压若干次，这样可以使妆容保持的时间长一些。白天要经常补粉，吸走脸上多余的油光。太热的天气，可以只用透明粉饼，不用粉底。

3. 秋季妆

在秋季，由于气温开始降低，雨量减少，空气的湿度也随之降低，气候偏干燥，这时，对皮肤进行补水就是秋季化妆的重点。

（1）选一个与自身肤色相近的粉底，要按照自己的肤质来选。如果皮肤本身比较好，就可以选一个质地相对较薄的，使妆容看起来更轻盈的粉底；如果本身肤质不太好，就选一个质地相对较厚的粉底，这样遮盖力会更强。随着气温的转凉，可以选择一个油分稍微高一点的粉底，这样会比较滋润。

（2）若是面部有瑕疵也需要进行修饰，如黑眼圈，可以选用一个偏粉色系的遮瑕膏来遮盖青色；如果长了痘痘或是有痘印，则可以选择一个接近肤色或者微微偏黄的遮瑕膏，来遮盖红色的痘痘或痘印；对于民航工作人员来说，立体感的塑造是必不可少的，因此须在底妆中增加提亮肤色这一步骤。在颜色比较暗沉的眼圈、下巴和法令纹处都需要提亮。

（3）在眼妆方面，秋季的眼部化妆可以突出“自然”和“凹陷”两大特点。作为民航工作人员的工作妆，在这个季节可选择大地色系为眼部的主要用色，如铜色、米色等，这些色彩较为柔和，符合民航工作人员工作妆眼影用色的要求。

在秋季，民航工作人员的唇部和脸颊的用色要尽量做到自然，因此，建议使用肤色系的唇膏和腮红。近年来也非常流行亚光的唇色，所以可以不用唇蜜，但也可以根据情况再涂一层唇蜜来增加生动感。而腮红是必须要用的，否则脸部会显得太平、太苍白。

4. 冬季妆

冬季来临之际，气温骤降致使室内外的温度有明显的差异，脸庞呈现出红白或乌青不均匀的肤色。由于气候的寒冷干燥，皮肤血管收缩，皮脂腺分泌减少，人体皮肤中的水分容易挥发，皮肤显得粗糙，容易出现脱皮、皱纹，甚至出现小裂口。因此需格外注重冬季肌肤的保护，在化妆之前应对皮肤进行简单的养护。在化妆前应选用滋润性洁面产品清理皮肤，之后可选用营养霜等具有滋润效果的护肤品进行皮肤保养并配合适当的按摩，使肌肤细嫩、柔美。冬季少用粉类化妆品，以免皮肤干燥而产生皱纹。

（1）在冬季，粉底的涂抹要均匀，并且粉底要根据不同肤质来进行选择。中干性皮肤应使用含美白效果的润肤露，其细腻且润滑的感觉可使肌肤光滑、白皙；油性皮肤或是毛孔粗大的皮肤，应在涂上润肤霜后，轻涂一层淡粉，增强皮肤的吸附力，弥补肌肤的粗糙感。这样可以使面色无论处于怎样的温差环境中，都可以突出脸部轮廓。

（2）对于唇部和脸颊，应以健康亮丽的色彩为主。建议腮红和唇部可选用粉色系或橙色系，如粉红、粉紫、浅橙、橘红等颜色。这样会表现出健康活泼的气质，在素白的冬季会显得生机勃勃、有朝气，使人心情愉悦。

（3）由于冬季的特殊性，血色的不均问题还会出现在手上。民航工作人员在工作中经常会用到手，因此，在冬季手部的护理也尤为重要。试想，一双由于冷空气的侵袭而变得乌青的手为乘客服务，是有损民航工作人员形象的。因此，在冬季到来之前就应该开始手部的保养。清洁手部后要及时擦上油脂较多的护手霜，还可在指甲上涂上有保护效果的指甲油，既可增加指甲的光泽度，又可在指甲表层形成保护膜，防止指甲面缺水干裂。

（二）工作妆快速化妆技巧

1. 清洁肌肤

用温和的洁面用品洗脸，在皮肤半干的状态下涂上润肤露，在等候皮肤吸收润肤露时，可以梳头。

2. 涂遮瑕膏

黑眼圈和脸上的瑕疵要用遮瑕膏进行遮盖。乳液式的遮瑕膏会有较为均匀的效果，并且吸收快、省时。首先，用海绵沾上遮瑕膏，从内眼角推向外眼角，然后顺便涂抹嘴角和鼻翼两侧。然后，再全面涂上粉底，遮瑕膏最好选择比自己皮肤和粉底颜色浅的颜色。

3. 上粉底

涂上粉底，整个妆容马上变得明显突出。若想省时，可不涂粉底液，直接涂上干粉或散粉，效果也不错。

4. 画眼妆

先涂上睫毛膏，从眼睫毛根部水平向外擦出，然后再由下往上擦。若是想让眼睛显得大些，可以涂点眼影在眼角位置。

5. 涂口红，检查妆容

建议选择颜色较浅的唇彩，因为深色需要较长时间才能涂得好。涂唇膏会有更佳的效果，也更省时。

化妆完成后，要仔细、全面地查看妆容的整体效果，尤其是在民航工作环境中，妆面的检查更要细致，以达到符合民航工作人员专业形象的效果。

对于执行民航工作任务时间较长的民航工作人员，由于带妆时间较长，可在检查完妆容后，再用蜜粉固定一次，以保持妆面的持久。

三、男性民航工作人员工作妆

（一）男性民航工作人员化工作妆的原则

作为执行民航工作任务的男性民航工作人员，也需要进行必要的面部修饰，应着重表现其阳刚气质。男性民航工作人员的妆容主要在于面容的简单修饰，要本着干净整洁的原则，不可过分化妆，体现自身特点即可。

（二）面容的修饰

男性民航工作人员面容的修饰主要是眉毛和嘴部。

1. 眉毛

男士眉毛大多比较浓密，保持自然状态即可。如果眉毛有较大的缺陷，眉毛稀疏，眉棱不洁等，就要注意适当修饰。

修饰眉毛有两种方法：描眉和修眉。描眉时多采用补的手法。修眉时在清理多余的眉毛后，用眉笔加深眉色即可，不建议使用纯黑色的眉笔，会显得过于生硬，炭灰色则最自然。男士的眉毛一般不做人为美化，修眉时不要过多修饰原有的眉部轮廓，只要用笔顺着原有的形状加深即可。

描眉要注意几个问题，一是眼睛小的男士，眉毛不可描得过粗；二是双眼距离较宽的男士，眉头应描得靠拢一些，眉毛的长度不宜过短；三是鼻子长的男士，眉毛应描得稍微低一些，眉尖浓重，眉头和眉梢颜色稍淡；四是上额宽、脸型短的男士，眉毛要描得稍高一些。

2. 嘴部

男性民航工作人员嘴部的修饰包括嘴唇的修饰和口腔的卫生。如果嘴唇的轮廓或薄厚不理想，又或是嘴唇的颜色不正，可以用唇笔描画或涂上男士专用唇膏来进行弥补。

要注意防止嘴唇开裂、起皮、生疮，还要注意清除嘴边的分泌物。另外，男性民航工作人员不得留胡须，胡须凌乱地为乘客服务很容易带给乘客邋遢的感觉。

任务二

民航工作人员发型塑造

知识点

1. 头发的基础护理
2. 民航工作人员的发型要求

技能点

1. 掌握头发的基础护理知识
2. 掌握民航工作人员的发型要求

仪容首先要从“头”开始，头发也是人体健康的一面“镜子”，在仪容方面首先要通过发式来展现自己的审美观和良好的个人形象。

根据皮脂分泌情况可将头发分为油性头发、干性头发、混合性头发和中性头发四种类型。中性头发是一种健康的头发，头发有自然光泽、润滑、柔软、有弹性、易梳理、不分叉、不打结、梳理无静电，做好发型后不易变形，但中性头发比较少见。干性头发因头皮缺少皮脂或因水分丧失过快而显得干燥。油性头发的头皮皮脂分泌旺盛，头发油腻，易黏附灰尘，易有头皮屑，造型难度大，头发呈现平直软弱等特点；油性头发多与遗传因素、精神压力过大、激素分泌旺盛有关。混合性头发处于头发多油和头发干燥的混合状态，这种头发根部多油，发干和发梢则易缺油质而显干燥；混合性头发因其头发生长处于最旺盛阶段，而体内的激素水平又不稳定，于是出现干燥与多油并存的状态。

本任务主要介绍头发养护方法、职业发型、民航工作人员发型的基本要求等知识。

任务思维导图

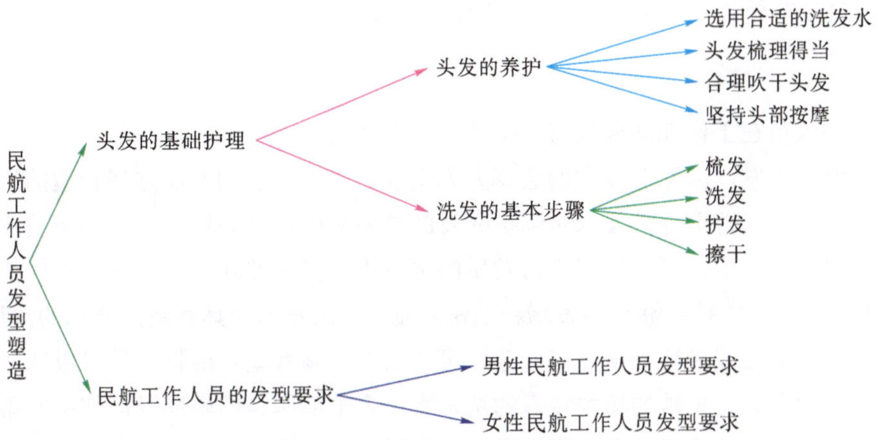
民航工作人员发型塑造
头发的基础护理
头发的养护
选用合适的洗发水
头发梳理得当
合理吹干头发
坚持头部按摩
洗发的基本步骤
梳发
洗发
护发
擦干
民航工作人员的发型要求
男性民航工作人员发型要求
女性民航工作人员发型要求

一、头发的基础护理

（一）头发的养护

1. 选用合适的洗发水

民航工作人员在工作期间要保持头部清洁，勤洗头，保持头发的自然光泽，无异味，无头皮屑，肩背无落发，因而洗发水的选择尤为重要。根据自己的发质选择合适的洗发水能达到很好的效果。正确地选择洗发水是呵护秀发的首要基础，必须针对头发的特质挑选合适的洗发水。如果头发健康，可以选择正常发质的洗发水，其主要功能在于一般性的清洁和温和的护发。细发者可以选择能够使头发增粗的洗发水，该洗发水除具有特别温和的洗涤成分外，还有角蛋白、丝蛋白或者植物浸膏等成分，可让头发丰满有型。油性头发可以选择去油作用强、有令秀发油脂分泌正常的植物浸膏的洗发水。含羊毛脂、卵磷脂及能使头发柔软光滑的合成黏合物的洗发水适合干性和开叉头发，它可以令头发顺滑、易梳。头皮屑多者可以选用去屑洗发水，这种洗发水含有某种可将头皮上将要脱落的皮肤碎料分离出来的洗涤成分，还有阻止新的头屑产生的成分，通常还伴有杀菌止痒的功效。

2. 头发梳理得当

民航工作人员在工作期间要注意整理头发，把头发的凌乱处和打了结的地方梳理顺，不要用过于尖、密、硬的梳子，最好用牛角梳或桃木梳等天然材质的梳子。

打了结又梳不开的头发不要硬梳，要用护发素加水揉湿头发，再慢慢梳理。头发不仅要注意洗涤、护理，更重要的是日常保养。注意不要用指甲抓头发，要用指腹轻轻按摩头发，由于头发的皮脂腺在不断地分泌油脂，头皮屑也会不断出现，因此要注意选择适合自己皮肤的洗发液。

3. 合理吹干头发

在用吹风机之前，一定要等头发半干，先将头发梳开，避免打结的头发在吹干的过程中受损。尽量缩短吹发的时间，吹风机与头发的距离要远一些，温度不可太高。建议每周热吹发不要超过三次，否则会使头发过于干燥，引起发梢分叉。

4. 坚持头部按摩

按摩有助于血液循环，并且可松弛紧张的肌肉。洗发前和任何有空的时候，都可以进行头皮按摩。先从后脑勺开始，以画圆圈的动作揉到头顶、头的两边及额头边缘。注意用手指轻而缓慢地揉动，不要用手指去抓头发。

关于头发的保养，民航工作人员应注意饮食方面的合理性和科学性，全面、综合的饮食有利于头发的保养。

（二）洗发的基本步骤

1. 梳发

洗头发之前，应先将头发梳理一下，梳头可将打结的部分解开，可以去掉头发上的浮皮和脏物，并给头发以适度的刺激以促进血液循环，使头发柔软而有光泽。正确的梳发办法是，首先从梳开散乱的毛梢开始，一点一点地梳向发根。

2. 洗发

先用水浸湿头发，将少许洗发水倒在手中，两手揉搓出泡沫后，均匀地涂抹在头发上。用手指腹按摩似地揉搓头皮和头发，洗发水在头发上停留 5～10 分钟后冲洗。冲洗之后可以再重复一次。头发上的脏物是引起头皮过多和脱发的一个原因，而且有碍于头发的正常发育，因此，要在洗头的时候按摩头皮和头发，使头发经常处于清洁状态，同时通过手指对头皮的按压，增加头皮健康、血液循环，这样就可以提高头发的健康度。

3. 护发

把少许护发素倒在手上，先在手中轻揉，以手的温度软化护发素。将护发素从后往前均匀地涂抹在头发上。用指腹按摩揉搓头皮和头发，使头发和头皮都得到滋润。1～3 分钟后，再用温水冲洗干净。

4. 擦干

用毛巾擦干头发是最传统的做法，但方法不当会折弯、摩擦头发，会对头发造成伤害。正确的方法是洗头后用毛巾把头发在头上盘起包好，几分钟后，等毛巾吸收了部分水分，再轻轻挤干水分，让头发自然风干或是用吹风机吹干。

二、民航工作人员的发型要求

民航工作人员的发型必须是与其工作环境氛围相适应、相协调的职业发型。头发整洁，发型大方，能体现出职业特征、个人形象及文化内涵，也能更好地体现职业的风度美、高雅美。

（一）男性民航工作人员发型要求

男性民航工作人员头发要整齐，要勤洗发、勤理发，保持头发的清洁、卫生状态，不能有异味和头皮屑，注意头发要梳理到位，禁止头发蓬松、凌乱。

（1）头发的长短要适当，要做到前发不过眉，露出额头，保持鬓发两侧长度不超过内耳廓，后发不过衣领。干净整洁，庄重大方，自然得体。

（2）男士发型要简单大方、朴素典雅，具有职业感。发型要体现出男士刚毅、自然的特点，不能追求标新立异的个性化发型，绝不能留偏中性的发型。

（3）除黑色外，不能染其他颜色的头发。

（二）女性民航工作人员发型要求

女性民航工作人员在为自己选择发型时，必须与其民航工作人员的身份相符合，符合本行业的要求——简约、明快。主要发型有短发、发髻、卷盘发。

（1）短发梳理整齐，直发与烫发均可，长短适宜，注意修剪，最短不得短于耳垂，最长不得超过制服衣领；用啫喱水或啫喱膏定型短发、碎发及刘海，使头发一丝不乱、美观大方，保持自然发色。

（2）长发需盘发髻或留卷盘式发型。长发应于脑后束起盘成发髻，盘发高度应在中部，发髻最低不超过双耳垂的连线，不可留发帘式刘海，刘海必须通过发胶使其服帖于额头，低头不下垂且高于眉毛。

（3）女性民航工作人员在工作时不得染除黑色以外的其他发色。

（4）盘发方法。

①扎发：用橡皮筋将所有头发扎成马尾，其位置在两耳的连接线之上。

②盘发：以发根为圆心，将马尾顺着一个方向盘绕在头中部，用小发卡固定，戴上统一发饰；如果使用发网，扎好马尾后，可直接将头发填充进发网。盘发样式如图 5-1 和图 5-2 所示。

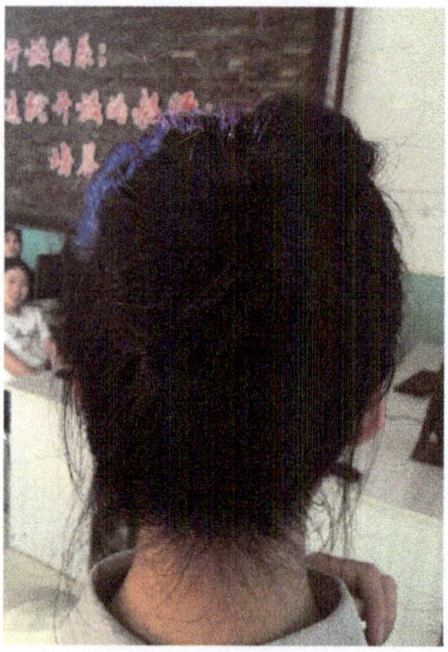

图 5-1　盘发样式一

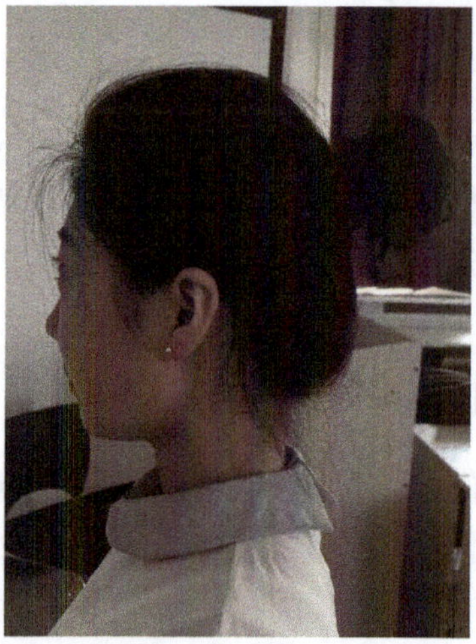

图 5-2　盘发样式二

任务三 民航工作人员面部表情塑造

知识点

1. 民航工作人员表情训练要求
2. 眼神训练
3. 微笑训练

技能点

1. 掌握民航工作人员表情训练要求
2. 掌握眼神训练、微笑训练的方法

表情是无声的语言。在人际交往中，表情反映着人们的思想、情感、反应，以及其他各方面的心理活动。表情对人们的交流与沟通的影响是巨大的。好的表情来源于心，但有时不良的性格习惯也会影响人的表情。改变一个人的性格不是一件轻松的事，改变性格要花很长的时间，而表情的改变却相对容易得多，它同样能够使人抓住机遇，从而改变一生。

对于民航工作人员来说，面部表情也是自身仪容的一部分，姣好的面容搭配具有亲和力的表情，才是最具魅力的容颜。本任务将主要从眼神和笑容等方面对民航工作人员的面部表情进行介绍。

任务思维导图

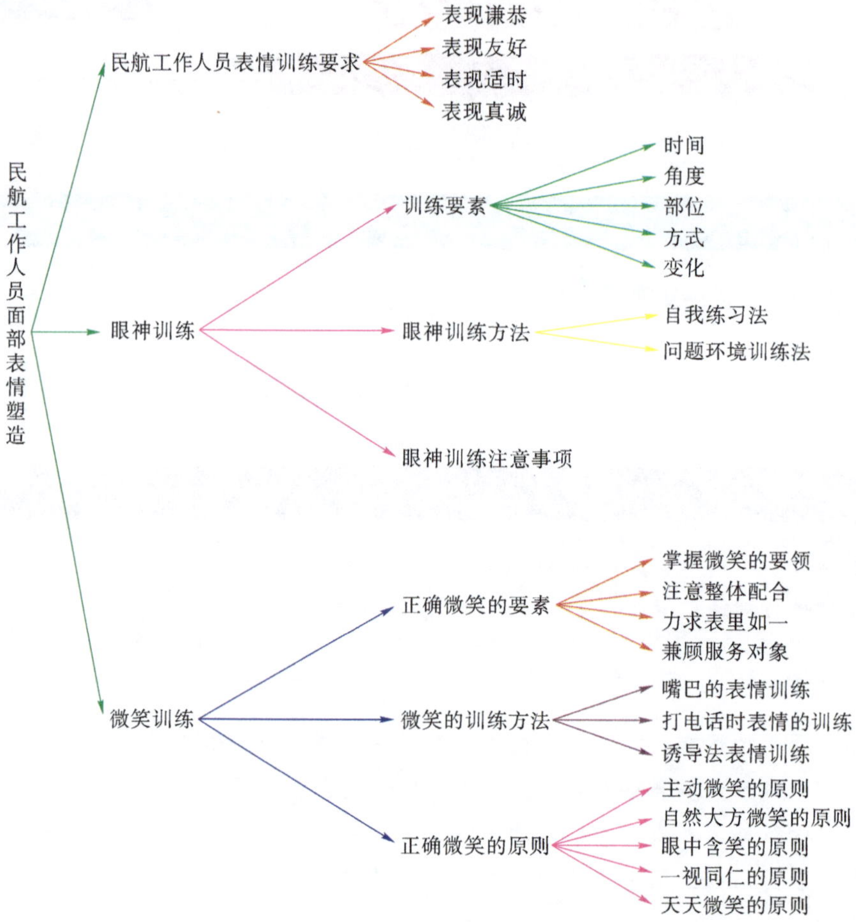
民航工作人员面部表情塑造
民航工作人员表情训练要求
表现谦恭
表现友好
表现适时
表现真诚
眼神训练
训练要素
时间
角度
部位
方式
变化
眼神训练方法
自我练习法
问题环境训练法
眼神训练注意事项
微笑训练
正确微笑的要素
掌握微笑的要领
注意整体配合
力求表里如一
兼顾服务对象
微笑的训练方法
嘴巴的表情训练
打电话时表情的训练
诱导法表情训练
正确微笑的原则
主动微笑的原则
自然大方微笑的原则
眼中含笑的原则
一视同仁的原则
天天微笑的原则

一、民航工作人员表情训练要求

（一）表现谦恭

待人谦恭与否，从表情神态上可以很直观地看出来。民航工作人员在工作中务必使自己的表情神态体现出对人的恭敬和谦和。

（二）表现友好

在民航服务中，对待乘客皆应友好。这一态度自然应当在表情神态上表现出来。正所谓"笑迎八方来客，广交四海朋友"，其实就是要求民航工作人员在服务中要以友好的表情神态对待乘客。

（三）表现适时

从大的方面来看，人的表情神态可以庄重、宽和，也可以活泼、俏皮。有时，还可以表示不满、气愤和悲伤。不论采用何种表情神态，民航工作人员都要切记使之与现场的气氛、与实际需求相符合。这就是所谓的表情神态要适时，如当乘客极不开心时，用夸张的笑脸相迎，不一定会得到对方的良好反馈。

（四）表现真诚

民航工作人员在服务于人时，既要使本人的表情神态谦恭、友好、适时，更要使表情出自真心，发乎诚意。这样做才能给人以表里如一、名副其实之感，千万不要在表情神态方面弄虚作假。

二、眼神训练

眼神是对眼睛活动的一种总称。眼睛是能够最自然、最准确地展示心理活动的一扇窗户。眼神的交流，是人类的本能，是进化过程中早期生存的需要。一个眼神，可以传情达意，可以传送大量的信息，因此，眼神的训练对于民航工作人员来说尤为重要。

（一）训练要素

眼神的构成，一般涉及时间、角度、部位、方式和变化 5 个方面。民航工作人员的眼神训练也应当从这 5 个方面着手。

1. 时间

民航工作人员在与乘客交流时，注视对方时间的长短十分重要。一般注视对方的时间以占彼此交谈时间的 1/3 为宜。

2. 角度

在注视他人时，目光的角度，即其发出的方向，是事关与交往对象亲疏远近的一大问题。民航工作人员一般采用正视的角度对待每一位乘客，表现出双方地位的平等和本人的不卑不亢。

3. 部位

在人际交往中，目光所及之处就是注视的部位。注视他人的部位不同，不仅说明自己的态度不同，也说明双方关系不同。民航工作人员在与乘客交流时应经常保持双方目光的接触，长时间回避对方目光或是左顾右盼，是心中不安的表现，更是不礼貌的表现。在交谈中，听的一方通常应多注视说的一方。运用目光的时候，要做到把目光柔和地放在乘客的脸上，不时地将目光移开，而不是单单注视眼睛，这样会让对方感到比较自然。作为民航工作人员，在与乘客进行目光交流时应注意：在一般情况下，不宜注视乘客的头顶、大腿、脚部与手部；对异性乘客而言，通常不应注视其肩部以下。

4. 方式

民航工作人员应采用直视、正视的方式注视乘客，以表示认真、尊重和坦诚，但是不能一直直勾勾地盯着对方。

5. 变化

在人际交往中，目光、视线、眼神都是时刻变化的，眼皮的眨动一般每分钟 5～8 次，如果过快表示思维活跃或是在思索，过慢就表示轻蔑、厌恶等，有时候眨眼也可以表示调皮或不解。眨眼时间不宜过长，一般眼皮闭上不超过 1 秒。

（二）眼神训练方法

1. 自我练习法

自我练习法是练习者自己面对镜子独自进行眼神训练的一种方法。

自我练习法练习步骤如下。

（1）练习者正对镜子，站在距离镜子 1 m 远的位置。

（2）用一张纸，将脸的下半部分遮住，只露出双眼。

（3）假设镜子中的自己是交谈对象。

（4）对镜子中自己的眼神进行自我评价，及时调整，以达到预期效果。

2. 问题环境训练法

问题环境训练法是设立问题情境，让练习者按照问题的要求，做出相应的眼神的一种训练方法。

问题环境训练法练习步骤如下。

（1）练习者用一张纸将脸的下半部分遮住，只露出双眼。

（2）另一人处于两米之外作为交流对象。

（3）练习者按照问题情境中的要求做出相应的表情。

（4）对方对其表情进行评价，及时调整，以达到预期效果。

（三）眼神训练注意事项

表情中眼神尤其重要，眼神的训练不可忽视，需注意以下几点。

（1）在注视对方时，要正视对方的眼睛。

（2）接受对方的眼光，被注视时，也要坦诚地回视对方。

（3）不要向上翻眼珠，也不要斜眼看人，否则会给人以傲慢无礼的印象。

（4）认真地注视对方，不管是什么人，集中精神，眼神真挚，态度自然也就认真了。

（5）常活动眼睛，要表现出充满好奇心、喜欢观察事物、对任何东西都感兴趣的感觉，而不能表现出那种“不稳重的眼神”。

三、微笑训练

笑容，指的是人含笑的面容，亦指人含笑的神情。古人曾经留下这样的经验：“非笑莫开店。”对于民航工作人员来说，在工作中面带微笑地服务乘客，是一种基本的职业规范。微笑的核心在于笑，民航工作人员在工作岗位上以微笑示人，意在为乘客创造一种轻松的氛围，使其在享受服务的过程中感到愉快、欢乐和喜悦。

（一）正确微笑的要素

1. 掌握微笑的要领

微笑的主要特征是：面含笑意，但笑容不宜太夸张。一般情况下，在微笑之时，是不闻其笑声，不见其牙齿的。

微笑的基本方法是：先放松自己的面部肌肉，然后使自己的嘴角微微上翘，让嘴唇略呈弧形。在不牵动鼻子、不发出笑声、不露出牙齿，尤其是在不露出牙龈的前提下轻轻一笑。

2. 注意整体配合

微笑虽说仅仅是一种十分简单的表情，但要使之真正成功，除了要注意口型之外，还需要注意面部其他各部位的相互配合，毫不夸张地说，微笑其实也是人的面部各部位的综合运动。

通常，一个人在微笑之时，应当目光柔和，双眼略微睁大；眉头自然舒展，眉毛微微向上扬起。这就是人们通常所说的“眉开眼笑”。除此之外，还应避免耸动自己的鼻子与耳朵，并应将下巴向内自然稍含起。

3. 力求表里如一

尽管人们通常用“面含微笑”这个词，实际上它并非仅挂在脸上，而是需要发自内心，做到表里如一。

真正的微笑应当体现出一个人内心深处的真、善、美。表现自己心灵之美的微笑，才会有助于服务双方的彼此沟通与心理距离的缩短。

真正的微笑，还应该是一种内心活动的自然流露。也就是说，它应当首先是一种心“笑”，应当来自人的内心深处。

4. 兼顾服务对象

微笑服务是对民航工作人员的总体要求。在具体运用时，还应当同时注意自己的服务对象的具体情况。

（二）微笑的训练方法

微笑的时候先要放松面部肌肉，然后使嘴角微微向上翘起，让嘴唇呈弧形。

1. 嘴巴的表情训练

（1）对镜子摆好姿势，说“E”“G”，让嘴的两端朝后缩，微张双唇，轻轻浅笑，减弱发音的程度，这时可感觉到颧骨被拉向斜后方。相同的动作反复几次，直到感觉自然为止。

（2）先把手举到脸前，手从嘴角向外做“拉”的动作，一面想象笑的形象，想象愉快的事情，一面照镜子。这样的微笑就自然多了，微笑也就不一样了。

2. 打电话时表情的训练

一边打电话，一边照镜子，将自己在镜中的影像当成是打电话者，注意自己的表情。

3. 诱导法表情训练

一边照镜子，一边听娱乐节目，或听朋友讲笑话，保持愉悦的心情，体验“笑由心生”的感觉。

（三）正确微笑的原则

1. 主动微笑的原则

民航工作人员在工作中，当与乘客的目光接触时，应主动向对方微笑，给人以彬彬有礼、热情待客的印象。

2. 自然大方微笑的原则

微笑时要神态自然，热情适度，最好表现为目光有神、笑由心生，这样会令人感到亲切、真诚、温暖、大方。切忌表演色彩过浓、故作姿态和生硬应付。

3. 眼中含笑的原则

一个人是不是开心地笑，是不是真诚地笑，从其眼睛中就能找到答案。

4. 一视同仁的原则

民航工作人员由于工作的特殊性，经常会遇到不同的乘客，乘客千差万别，切忌以貌取人，不能凭外表的差别、凭主观的好恶而区别待之。

5. 天天微笑的原则

微笑应当是自然、习惯的表情，每个人都应以饱满的精神风貌迎接新一天的生活与工作。微笑会带给自己和他人幸福和快乐。

【任务实训】面部表情塑造训练

训练名称	面部表情塑造		
小组名称		组长	
组员			
实训时间	年　月　日—　年　月　日		
面部表情塑造的训练情况			

复习计划表

任务一　民航工作人员的工作妆
复习时间________年____月____日—________年____月____日
复习知识点
复习技能点
复习札记
复习自我评价
任务二　民航工作人员发型塑造
复习时间________年____月____日—________年____月____日
复习知识点
复习技能点
复习札记
复习自我评价

续表

任务三　民航工作人员面部表情塑造
复习时间________年_____月_____日—________年_____月_____日
复习知识点
复习技能点
复习札记
复习自我评价

参考文献

[1] 叶青. 美容造型. 北京：北京交通大学出版社，2018.